デザインサークルとカットの原理
Modern Cut Manual

CONTENTS

- 002 ······ Preface
- 004 ······ カットを学ぶ前に知っておきたいこと
  - 004 ······ 骨格の特徴
  - 004 ······ ハエギワの特徴
  - 005 ······ 頭のポイント、及びセクションの特徴
  - 006 ······ 切り口とグラ・レイヤーの定義
  - 006 ······ ガイドとパネルの取り方
  - 007 ······ オーバーダイレクションについて

- **008 ······ セイムレイヤーから始まるDesign circle A**
  - 011 ······ サークルAに入る前に
  - 011 ······ プロファイルラインとは？
  - 012 ······ 素材＋オーバーダイレクションで発生する量感の位置
  - 013 ······ 量感の発生する位置と削ぎについて
  - 058 ······ 2セクションカットの特徴と整理

- **060 ······ エレベーションボブから始まるDesign circle B**
  - 063 ······ サークルBに入る前に
  - 063 ······ 斜めパネルについて
  - 064 ······ エレベーションの原理
  - 065 ······ リフトアップの高さと縦の重なり

- 106 ······ デザインサークルとカットの原理
- 107 ······ Message

この本の目的

　この本は、現代のサロンワークと従来のベーシック（クラシックス）の間に位置するものです。美容師なら、ワンレン、グラデーションなどのクラシックスを一通り勉強すると思いますが、現在サロンで問題となっているのは、その後デビューするまでの間、何をトレーニングするかではないでしょうか。基礎原理が成立したのが60年代後半だとすると、40年後の現在、消費者のニーズもカットのあり方も変わってきています。従来のベーシックを全くそのままの形で、サロンワークで使用することは難しくなっています。

　本書では、かねてから大事にされ続けている普遍的なものから、現代になって重要視され出した考え方までを取り混ぜて紹介しています。重要な基礎原理を再確認しながら、実際にサロンワークに立ったときに、お客様や時代に合わせて自由にカットできるよう、デビュー前の最終段階のトレーニングとして提案しています。

　またこの本の対象者として2つの立場の人たちを想定しています。まず、サロン内の教育マニュアルを作成し、後輩達のトレーニングを担当する立場にある教育者の方々。そして、これからデビューしていく次の世代の美容師さんたち。それぞれに役立ててもらうことを前提に制作しています。

なぜ今、フォルムコントロールなのか？

　90年代に入って、消費者ニーズが大きく変化しました。軽さと動きが求められるようになり、スタイリングテクニックを必要としない「再現性」が前提とされるようになりました。そして、ファッションにも、生活の隅々にも「ナチュラル」ということが定着していきます。そのようなニーズに応えるため、サロンではいくつかのアプローチが試されましたが、とりわけ削ぎが注目され、浸透していきます。

　しかしその進化があまりにも急だったため、削ぎが感覚的に行われたり、その依存度が高くなり、本来ベースカットがやるべきフォルムの形成を、削ぎでやってしまおうとする風潮が生まれました。その結果、形が崩れる、髪が傷む、再現性が低下する、次回の提案に困るという問題が起きました。また美容師側としては、パネル操作によるベースカットの技術とノウハウが軽視されるようになり、若い世代の中にパネルによるフォルムコントロールが非常に苦手と言う人が数多く出てくるようになりました。

　これは大きな問題で、パネルによるフォルムコントロールができないということは、自在にフォルムを切れないということ。お客様がスタイルを変えたいという時に、対応できなくなります。またいつも自分の得意なパターンしか提案できずに、客層を狭くしてしまったり、時代が変わることで、全く対応できなくなってしまう恐れがあります。さらに美容師は大半が最後は教える立場になりますが、自分が自在にフォルムを切れないのでは、下の子を教えることができません。だから極力キャリアの早いうちに、様々なフォルムのつくり方をトレーニングしておく必要があると思います。

　この本ではパネルのコントロールを現代のサロンワークに即した形で再咀嚼し、次世代の美容師のトレーニングマニュアルとして提案しています。

デザインサークルとは？

　一つのスタイルの切り方をパターン的に覚えても、実践では非常に応用力が乏しい。このスタイルはカットできても、少し違う形になると対応できない、となりがちです。今回のデザインサークルではテクニックや考え方の変化によって、フォルムがどう変化するかを連動させて解説しています。そしてそのサークルの道を辿りながら「カットの本質（エッセンシャル）」、つまりカットをする上で核となる原理を学んでいきます。

　この本の中には2つのサークルがありますが、Aはレイヤー系のスタイルを中心とした、縦パネルのサークル。現代のサロンワークでは、レイヤースタイルが多いのでこちらを先にしました。サークルBは、ボブ系のスタイルを中心とした横パネルのサークル。クラシックスをベースに現代的なアレンジを施して提案しています。両方カットした時にお分かりいただけると思いますが、全く逆と思われるこの2つの技術も、実は同じ原理に基づいています。Bを理解することで、Aの理解が深まり、Aを理解することで、Bの理解が深まります。

　また、それぞれのサークルの中央に位置しているナンバー00は、そのサークルをトレーニングしていくための重要な鍵になるスタイルであり、テクニックです。だから、まずナンバー00をカットしてみてください。その後は、好みでどのスタイルに移っても構いません。ただしキャリアの浅い方は、順番にカットしていくとよりわかりやすいと思います。

　カットは身体と目を同時に使いながら理解していくもの。だから本書を手にされた方は、ぜひウイッグを出してカットしてほしいと思います。

本書中の技術の読み解き方について

●オーバーダイレクション

　本書では、髪をオンベースよりも角度をつけて引き出すことによって、長さを発生させながら、カットしていく方法（＝オーバーダイレクション・P7参照）を使って、様々なフォルムをつくっています。パネル展開が感覚的になったもう一つの理由として、90年代以前は、わりと長距離にパネルを引くスタイルが多かったのですが、近年ではあまり長い距離を引かなくなり、よりパネルの引き出し方が曖昧になったことが挙げられます。そのため、本書ではどのくらいまでパネルを引き出すのかを、理論的に解説しています。サークルAでは前後のオーバーダイレクションが、サークルBでは上下のエレベーションがポイントになっています。

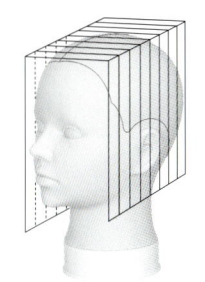

図1／縦パネル（サークルA）概念図 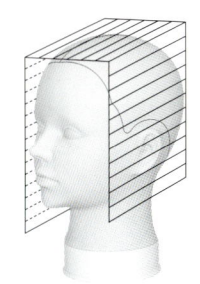　　図2／横パネル（サークルB）概念図

●フォルムの分類の方法

　フォルムの分類方法は、場所ごとの長さの長短の設定で行っています（図1）。もう一つのフォルムの分類方法としてウエイトがありますが（図2）、ウエイトも場所ごとの長さの配置に置き換えられるということ。そして、サロンワークではウエイトでオーダーされることが少なく、場所による長さでオーダーされることが多いという点。さらに、レイヤースタイルだとウエイトがわかりにくいので、今回は長さという視点（場所による長さの組み合わせ）で、すべてのフォルムを分類しています。

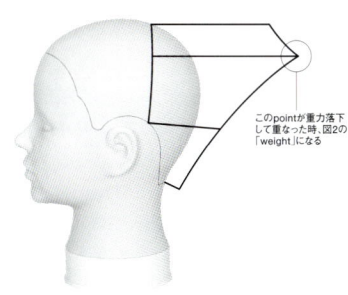

図1／本書でのフォルムの分類方法 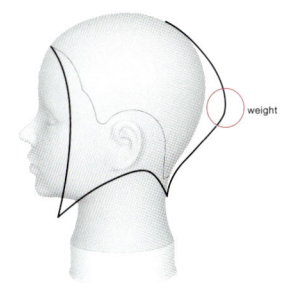　　図2／ウエイトによるフォルムの分類

●スライス線に対し垂直に引き出す

　本書は基本的に、すべてスライス線に対して垂直にパネルを引き出し、カットしています（A）。もう一つの考え方として、Bのように初めに非常に小さなパネルをカットし、それをガイドとして、スライス線に垂直ではなく、細かくズラしながら、長さを決めていく方法があります。現代のサロンワークの速度と構造の理解のしやすさを考えると、パターンAの方が、この段階のトレーニングには適していると判断し、こちらを採用しました。Bにはより滑らかなつながりを与えられるというメリットがありますが、Aでより近いニュアンスを与えたいなら、切り口をより曲線的にカットするとよいでしょう。

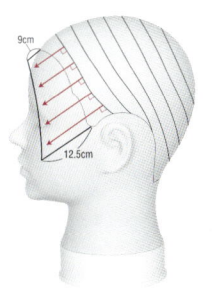

A／本書でのスライスの引き出し方 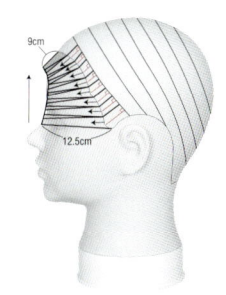　　B／小さなパネルを細かくずらしながら長さを決める方法

Cut Basic Manual_File no.01

カットを学ぶ前に知っておきたいこと

ここでは、具体的なスタイルの話に入る前に知っておきたいカットの基礎知識についてお伝えする

---

01 骨格の特徴

フォルムは、常に骨格の起伏の影響を受けている。頭は球体だが、完全な球ではない。細かく観察すると、角度の違う曲面が複合してできているのがわかる。ここでは骨格を縦、横両方の曲面に分割し、その特徴を見ていこう。

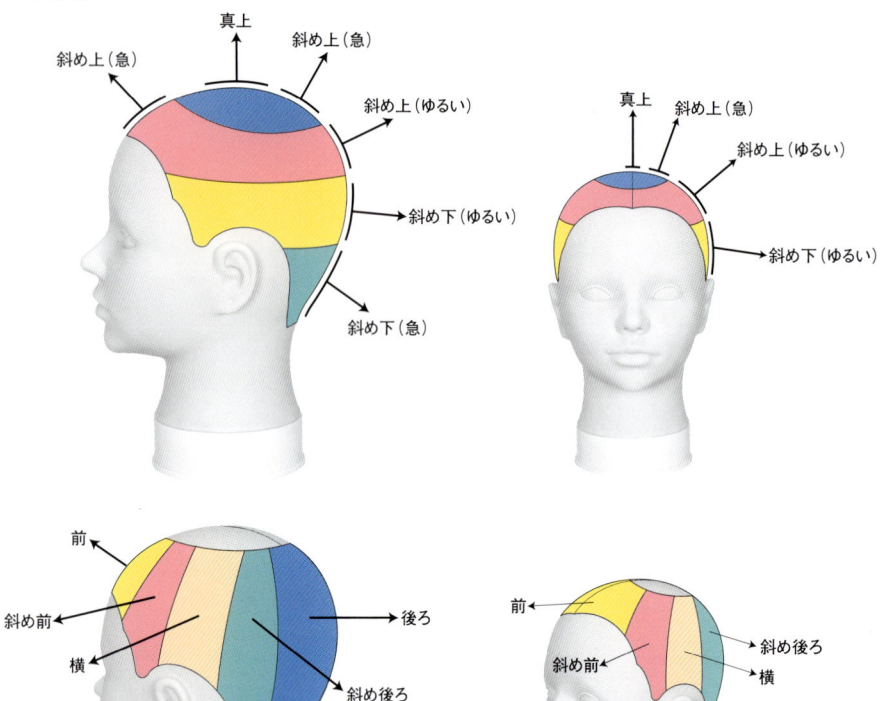

横割りセクション

トップ（青）は案外、他の場所と比較して平たんな場合が多い。垂直に真上を向いているポイントは少なく、大半が垂直に近い角度で斜め上を向いているケースが多い。ハチ上（ピンク）は最も丸みが強い部分で、主に斜め上を向いている。頭を横に輪切りにして考えると、一番円周が大きい場所になる。縦の起伏も非常に複雑（例：ハチの張り出し、ゼッペキ）な場所である。ハチ下（黄色）は主に斜め下を向いている場所。イア・トゥ・イアの前後で大きな違いがあり、前はフラット、後ろは丸みが強い。ネープ（緑）は角度があり、斜め下を向いている。首のラインとつながってゆるくくびれている。

縦割りセクション

前に向いているところ（黄色）は、完全に前を向いているポイントは少なく、丸みがきつい。斜め前を向いているところ（ピンク）は、ハチ上の前頭骨のコーナーの張り出しがある。またフェースラインのえぐれと一致するので、前後で面積が急激に変化する。ほぼ真横を向いているところ（クリーム）は、上部にハチの張り出しがあるため、出っ張っている。斜め後ろを向いているところ（グリーン）は、下方は耳後ろのえぐれと一致するので、前後で面積が大きく異なる。後ろを向いているところ（ブルー）は、完全に真後ろを向いているポイントは少なく、大半が真後ろに近い斜め後ろを向いている。上部はゼッペキによるくぼみ、中部はぼんのくぼの上の張り出しによる出っ張り、下部は首につながる。くびれがあり、起伏の激しい場所でもある。でっぱりの周囲は必ずぼみがあるということを覚えておくと便利。

---

02 ハエギワ

ハエギワの形も骨格と同じく、非常に複雑な形を持っている。アウトラインをカットする際には、常にハエギワの形の干渉を受けるので、この形をよく覚えておこう

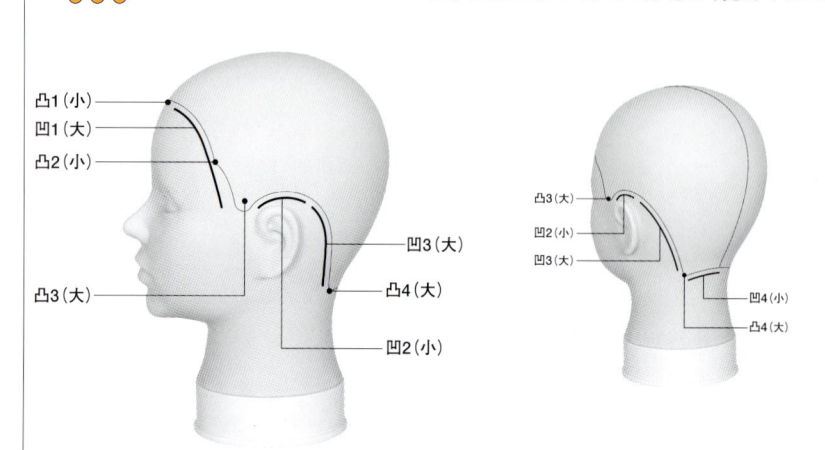

ハエギワの形は非常に個人差があるものだが、一般論としてここでは解説する。凸1の正中線付近は小さな張り出し（例 富士額）があり、さらに正中線からもみあげにかけて大きなえぐれがある（凹1）。ここはこめかみのそりこみもあるため複雑なポイント。凸2（こめかみの張り出し）は、凹1の線上で最も顔に近いポイントなので、小さな張り出しではあるがポイントとなる。凸3（もみあげの張り出し）は一番大きく飛び出しているため、フロント〜サイドを結ぶアウトラインの途中にコーナーとして発生してくる。凹2は、耳にそってえぐれている。サイドのアウトラインをカットする際にえぐれやすくなるのは、この凹2のえぐれとその下に位置する耳の高さのため。また耳後ろには凹3（耳後ろからみつえりまでを結ぶ大きなえぐれ）があるので、前後で髪の重なりの面積差が生まれ、前方の面積の少ない方が透けやすい。凸4はみつえりの張り出し。ここを頂点にバックの正中線側にえぐれていく（凹4）。

03 頭のポイント、及びセクションの特徴

以下は頭のポイントの名称と、左ページで解説した骨格とハエギワの特徴をもとに頭を分割したセクション図。本書中はこれらの名称で解説している

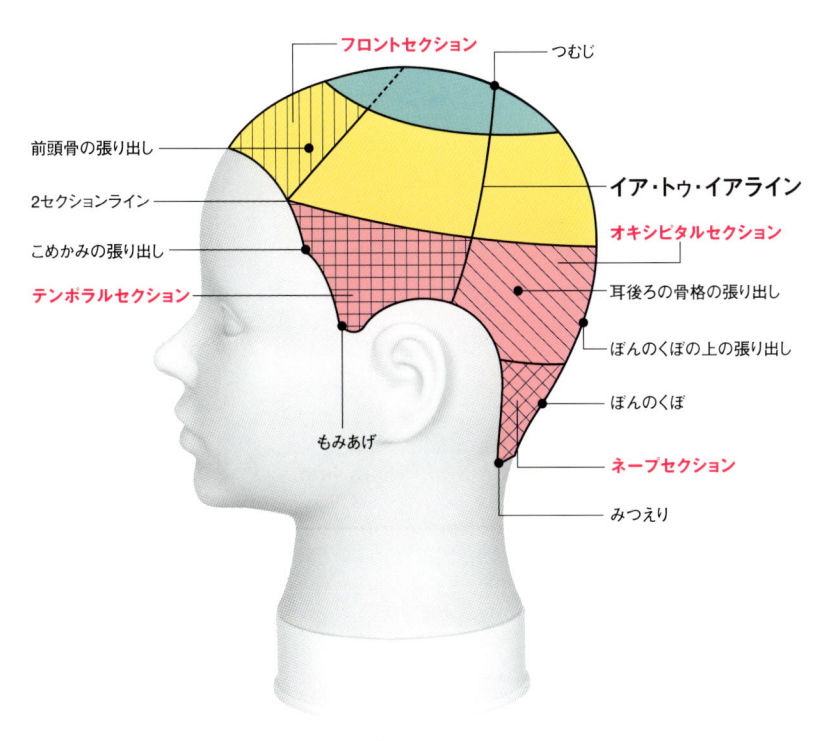

【図左上：側面図】
- フロントセクション
- つむじ
- 前頭骨の張り出し
- 2セクションライン
- こめかみの張り出し
- テンポラルセクション
- イア・トゥ・イアライン
- オキシピタルセクション
- 耳後ろの骨格の張り出し
- ぼんのくぼの上の張り出し
- ぼんのくぼ
- もみあげ
- ネープセクション
- みつえり

グリーン／トップセクション
イエロー／パリエタルセクション ─ オーバーセクション
ピンク／アンダーセクション

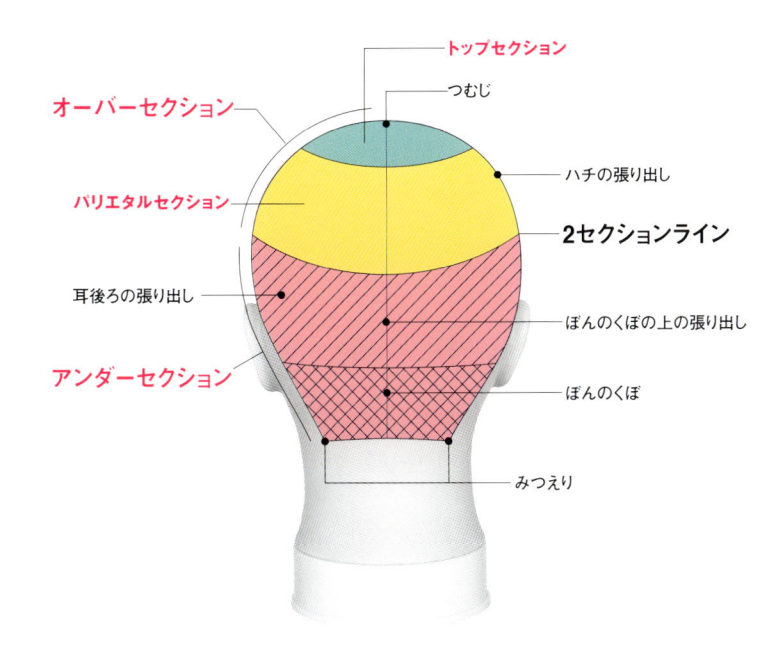

【図左下：後面図】
- トップセクション
- オーバーセクション
- つむじ
- パリエタルセクション
- ハチの張り出し
- 2セクションライン
- 耳後ろの張り出し
- ぼんのくぼの上の張り出し
- アンダーセクション
- ぼんのくぼ
- みつえり

セクションの特徴

トップ／スタイルの高さをつくるところ。動きや質感のポイントになる。
パリエタル／主にフォルムをつくる場所。面積も大きく、ハチの張り出しがあるため量感調節のポイントとなりやすい。
フロント／顔との似合わせに重要。意外と丸みが強い。
オキシピタル／全体の量感バランスのポイントになりやすい。
テンポラル／サイドのアウトラインのデザインをつくるところ。
ネープ／バックのアウトラインのデザインをつくるところ。

セクションラインの引き方

イア・トゥ・イアライン／上方はつむじ、下方は耳後ろの骨格のくぼみに合わせる。現代サロンワーク的に考えた場合、前後の面積差が等量に近い方が作業しやすいため、**本書中では、イア・トゥ・イアが後方に設定されている。**
2セクションライン／2セクションラインの後ろのポイントは、ぼんのくぼの張り出しより1〜2センチ上。2セクションラインの前方は、こめかみの張り出し（凸2）とそりこみの間。
トップとパリエタルの分割ライン／トップとパリエタルの分割方法は、トップは骨格の向きが急に上を向いていくところから分ける。また、パリエタルとトップの面積比は、必ずパリエタルを大きめに取ること。これは、トップを重くしすぎないため。

●この本ではこのような基準に設定しています。

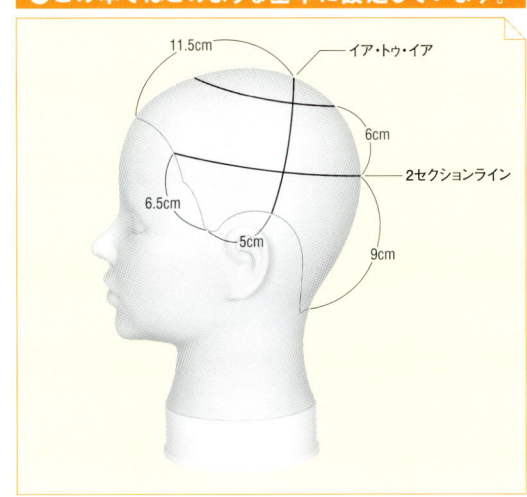

- 11.5cm
- イア・トゥ・イア
- 6cm
- 2セクションライン
- 6.5cm
- 5cm
- 9cm

Modern Cut Manual

005

Cut Basic Manual_File no.02

04 切り口とグラ・レイヤーの定義
本書では切り口を以下の6つに分類している

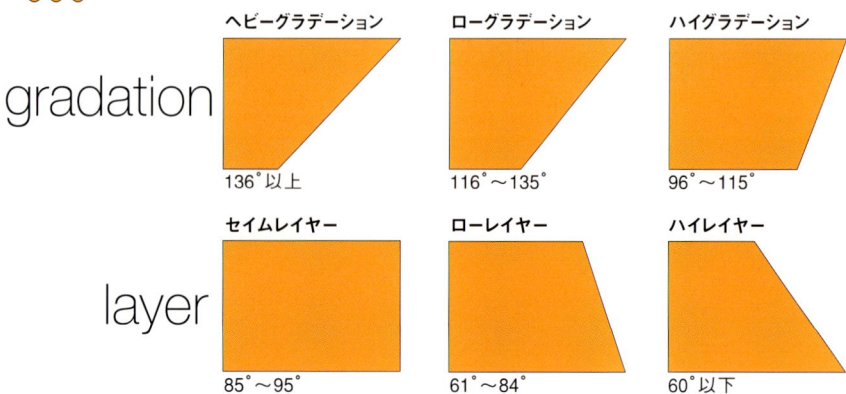

gradation
- ヘビーグラデーション　136°以上
- ローグラデーション　116°〜135°
- ハイグラデーション　96°〜115°

layer
- セイムレイヤー　85°〜95°
- ローレイヤー　61°〜84°
- ハイレイヤー　60°以下

ヘアスタイルを構成する6つの切り口とは？

どんなヘアスタイルであっても、縦の重なりを分類すると（頭皮に対して垂直にパネルを引き出すと）、6つの切り口に分類できる。上が長く、下が短い切り口をグラデーション、下が長く、上が短いものをレイヤー、上と下が同じであるものをセイムレイヤーという。

---

05 ガイドとパネルの取り方
基本的なパネルの取り方とオンベースの切り方をマスターしよう

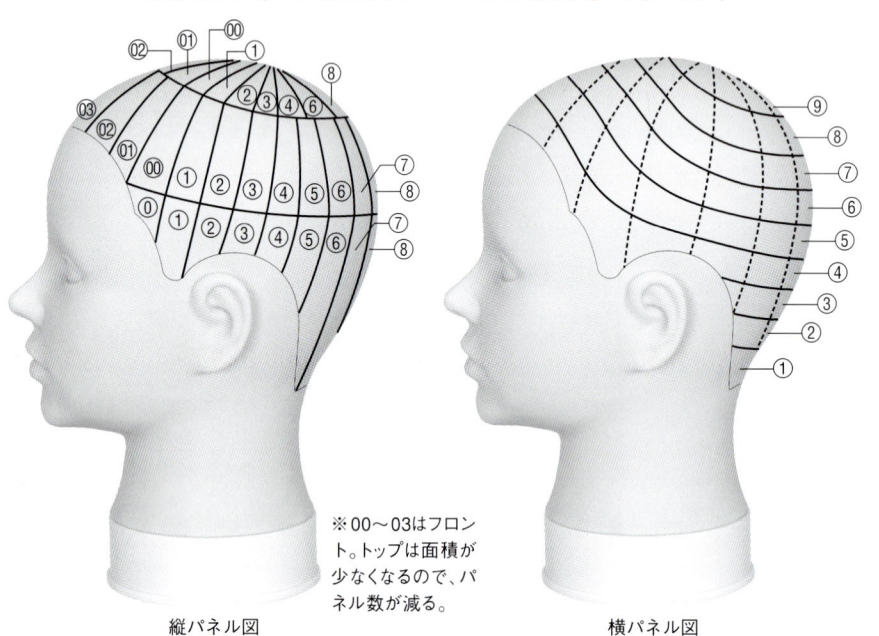

※00〜03はフロント。トップは面積が少なくなるので、パネル数が減る。

縦パネル図　　横パネル図

基本パネル図

髪を自然に乾かした状態では、骨格など素材の干渉を受けながらも、おおむね放射状に落下する。この自然に髪の落ちる位置に基づいて、左の基本パネル図を制作している。また骨格とハエギワは非常に複雑な形をしているので、あまりにもパネルが大き過ぎたり、スライス線がいびつであると、美しいフォルムがつくりにくくなるので注意すること。

パネルの取り方の注意点

パネルの厚さは、基本的に1〜2センチ未満とする。あまりにも分厚すぎると、パネルの中にオーバーダイレクション（06参照）がかかり余分な長さの差が生まれてしまうため。またパネルの幅が不均一だった場合、これも不均一なオーバーダイレクションがかかり、余分な長さの差が生まれやすい。

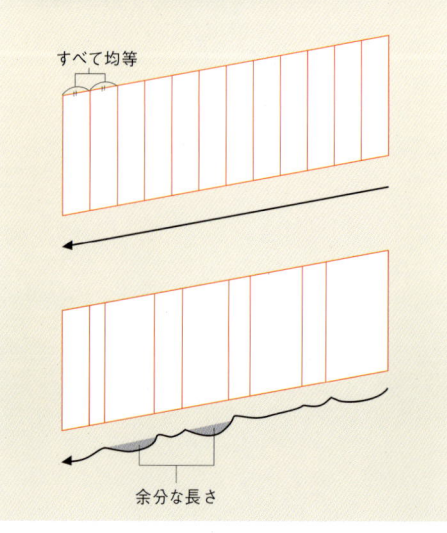

すべて均等

余分な長さ

オンベースの切り方

A　B　ガイド

オンベースとは頭皮に対して90度にパネルを引き出すこと。全体をオンベースでカットするときの、パネルの引き出し方について解説する。①ガイドとなるパネルAを頭皮に対し、90度に引き出し、長さを決める。②Aのパネルの中央をシェープし、今から切る隣のパネルBの中央のポイントにシェープする。③パネルAの進行方向に対して外側の長さをガイドにBをカットし、長さを決める。オンベースはカットを行う際の重要な基本の一つとなるので、しっかりと身に付けておくこと。

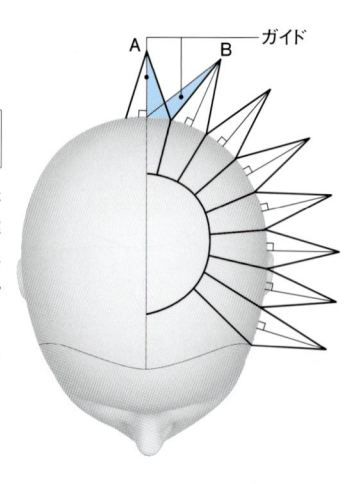

006　Modern Cut Manual

06 オーバーダイレクションについて

本書では全編このオーバーダイレクションの原理に基づいて説明している。非常にシンプルな原理なので、ここで確認しておこう

オーバーダイレクションの原理

基本的にカットは、最初に設定するガイドが一番短く、その後、ガイドの方にパネルを引くことによって長さを発生させていく。例えばフェースラインにガイドを設定し、そこにすべて集めてカットする場合、フェースラインが最も短く、バック側にいくにつれて長くなる。このようにオーバーダイレクションとは、オンベース（頭皮に対して90度）よりも角度をつけて引き出すことによって長さを発生させる原理を指す。図のように短い方に引いてカットすることで、長さが生まれる。特別なことではなく、日常のサロンワーク中でも、大半はこの原理を使ってカットされている。前後、上下、斜め、どの方向にでも、パネルを少しでも引き出せば長さの差が生まれるので、オーバーダイレクトしていることになる。以下では縦パネルを例に、短い方にどのくらい髪を引くことで、どのくらいの長さが発生するかをみていこう。

※本書では、1つのパネルの中、もしくは1つのスタイル全体の短い側をショートポイントとし、長い側をロングポイントとしている。

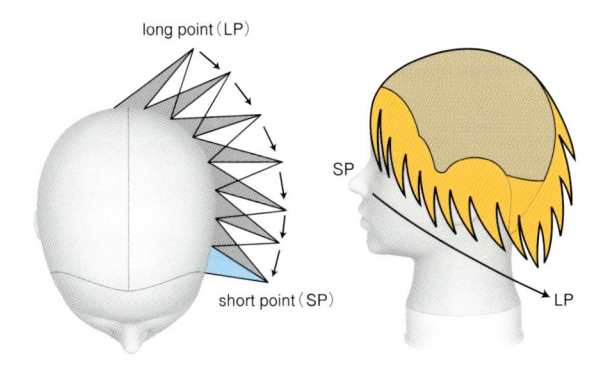

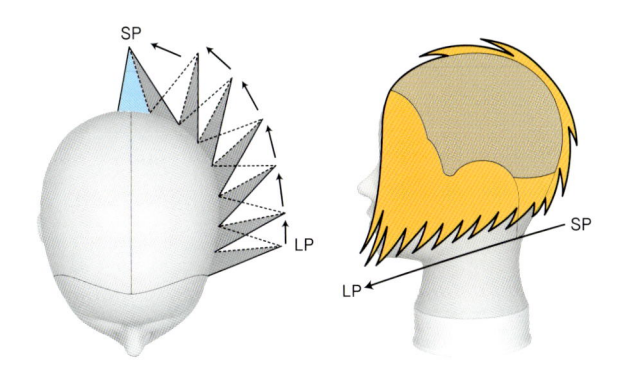

「オーバーダイレクションの原理」図

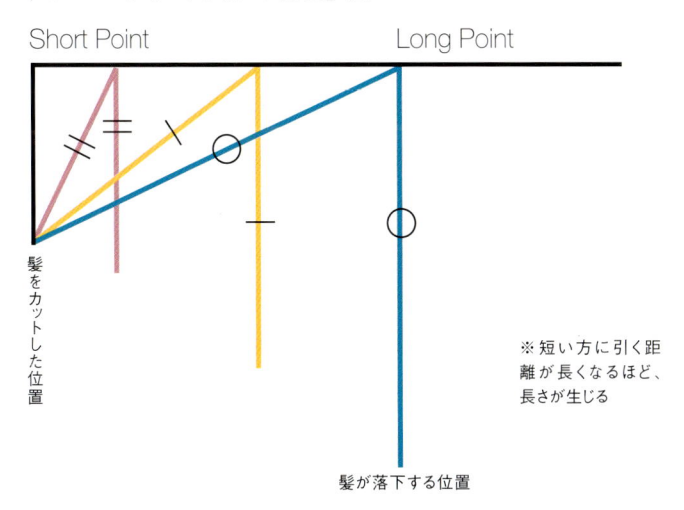

Short Point　Long Point

髪をカットした位置

髪が落下する位置

※短い方に引く距離が長くなるほど、長さが生じる

A　フェースラインにガイドを設定し、すべて一つ前のパネルにオーバーダイレクトしながらカットした場合

フェースラインが最も短く、バック正中線上がもっとも長くなり、ゆるい前上がりのラインになる。

B　バック正中線上にガイドを設定し、すべて一つ後ろのパネルにオーバーダイレクトしながらカットした場合。

バック正中線が最も短く、フェースラインが最も長くなり、ゆるい前下がりのラインになる。

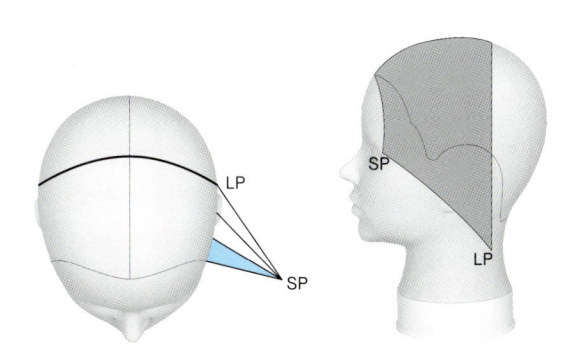

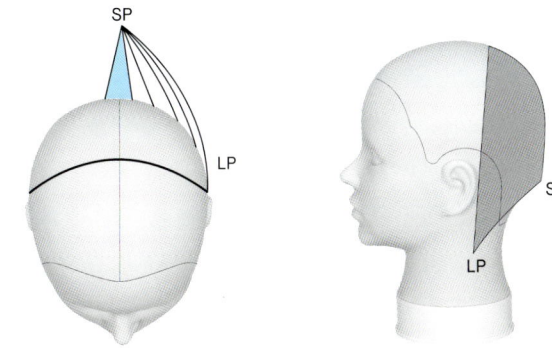

C　フェースラインにガイドを設定し、イア・トゥ・イアより前をすべてフェースラインのパネルにオーバーダイレクトする

長距離のオーバーダイレクションがかかり、イア・トゥ・イア線上に大きな長さが生まれ、極端な前上がりのラインになる。

D　バック正中線にガイドを設定し、イア・トゥ・イアより後ろをすべて正中線のパネルにオーバーダイレクトする

長距離のオーバーダイレクションがかかり、イア・トゥ・イア線上に大きな長さが生まれ、極端な前下がりのラインになる。

セイムレイヤーから始まる
Design Circle A

縦パネルによるフォルムコントロール

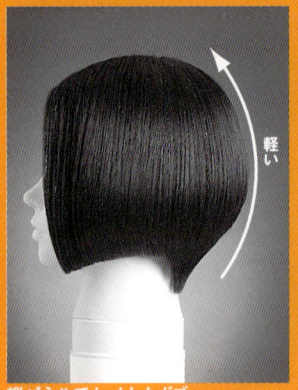

縦パネルでカットしたボブ 　　横パネルでカットしたボブ

縦パネルでカットしたボブと横パネルでカットしたボブを比較すると、縦パネルは縦の重なり（プロファイル）が軽くシャープになり、アウトラインが柔らかくなる。横パネルはアウトラインがシャープになり、縦の重なりが重く、曖昧になる。

ここから始まるサークルAの特徴は、縦パネルによるフォルムコントロールを基本としていること。

重さというベースにアクセントとして軽さを使った時代から、現代のサロンワークは、軽いベースの中に重さをアクセントとして使う時代になったとも言える。90年代初期、消費者ニーズとしてより軽さと動きが求められるようになった頃、美容師側のアプローチとしては三つあった。一つは削ぎ、もう一つはディスコネクション（これは基礎として、2セクションという形でサークル中に展開）。そして、パネルを縦化することによって、形そのものを軽くしていくという方法。

縦パネルは横パネルに比べて、軽いフォルムをつくりやすい。また縦パネルは、縦の積み重なりが最初に決定され、横の連続が二次的に生まれるため、軽いアウトラインをつくることができる。さらに縦の重なりを視覚的に確認しやすいために、軽いフォルムをつくりやすく、一般的にレイヤー的なスタイルをつくりやすいという特徴がある。

また重めのベースカットに大量の削ぎを入れてつくるという方法では、すべての作業を正確にを行うことができず、フォルムが崩れたり、再現性が低下するという恐れがある。

以上の点からも、軽いスタイルを狙う場合、ベースカットの段階から軽さのあるフォルムを設定できる縦パネルは、レイヤー的なスタイルが多い現代のサロンワークに即したものだと言える。ここでは、縦パネルによってつくられるデザインバリエーションをみていく。

1セクションでカットしたレイヤー 　　2セクションでカットしたレイヤー

同じ長さのレイヤースタイルでも、2セクションでカットしたものの方が軽さや動きを出しやすい。また1セクションは低い重心に、2セクションの方がやや重心が高くなる。

なぜセイムレイヤーがはじまり（00）なのか？

サークルAのはじまりにセイムレイヤーを置いた理由は、セイムレイヤーが縦の重なり的にも、横の連続的にも、コントロールされていない（長短の差がない）状態、つまりボウズから伸びた状態だから。セイムレイヤーを正確にカットすることで、素材の性質を深く知ることができる。軽い切り口を使う縦パネルは素材の影響を受けやすいので、最初に素材を知るという意味でも、オンベースを正確に引き出せる訓練という点でも、このスタイルを最初にカットしてほしい。

サークルAでは、セイムレイヤーをベースに、縦の重なり（プロファイルライン）の変化と、前後のオーバーダイレクションによる横の連続のコントロールで、バリエーションを展開している。

2セクションが1セクションと並列に配置されている理由

2セクションでカットし、つなげないことによって、アンダーセクションから量感が減少、オーバーセクションに大きな動きが与えられる。また上下別のフォルムを組み合わせることによって、デザインのバリエーションが広がる。

今回サークル中で、2セクションのスタイルを1セクションと連鎖的に並べているのは、サロンワークの中で、2セクションでカットした方が適したケースが多いため。2セクションと1セクション、どちらが優れているということではなく、狙っているフォルムと顧客の要望にあわせて、自由に使いこなしていくとよいと思うからである。

サークルAに入る前に

プロファイルラインとは？

サークルAでは特にプロファイルの変化が、デザインにおいての重要な要素になる。ここではプロファイルラインについてみていこう

no.01 プロファイルラインとアウトライン

(A) 8.5cmセイムレイヤー
Profile Line
Out Line

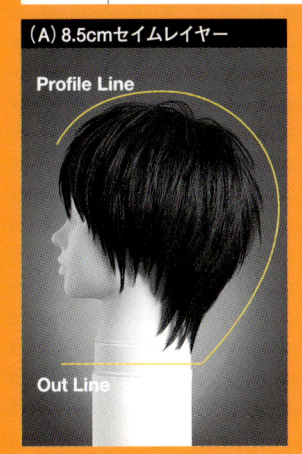

髪の毛は重力によって下に落ちる。つまり縦に積み重なっている。その縦の重なりが横方向へ連続して、アウトラインをつくっている。本書では、フォルムを縦のつながり（＝プロファイルライン）と横の連続（＝アウトライン）の2つの要素に分けて説明している。またプロファイルは常に骨格の影響を受け、アウトラインは常にハエギワの形の影響を受けるということを覚えておこう。サークルA（縦パネル）では、プロファイルラインを先に決定し、前後のオーバーダイレクションを使って横の連続（＝アウトライン）をつくるというアプローチをしている。

no.02 フォルムと長さの違い

(B) 12cmセイムレイヤー

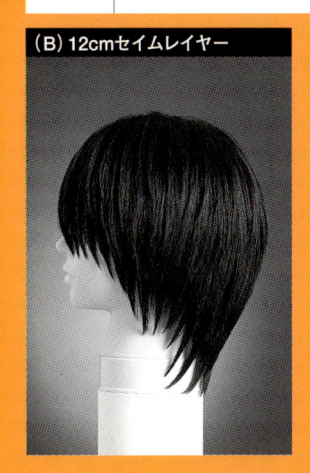

BはAと同様のパネル展開でセイムレイヤーにカットしたもの。ただし、長さがAよりも長く12センチに設定されている。比べてみると、プロファイルラインの切り口の形が同じでも長くなることで別のフォルムになっている。本書では様々なフォルムコントロールのテクニックを紹介するが、どのくらいの長さでそのスタイルをカットするかということは、フォルムを考える上で最も重要。一般的に長くなると段の幅は見えにくく、骨格の丸さも表れにくくなり、フラットになる。その結果、プロファイルの特徴が見えにくくなる。

no.03 プロファイルラインのパターン（切り口）

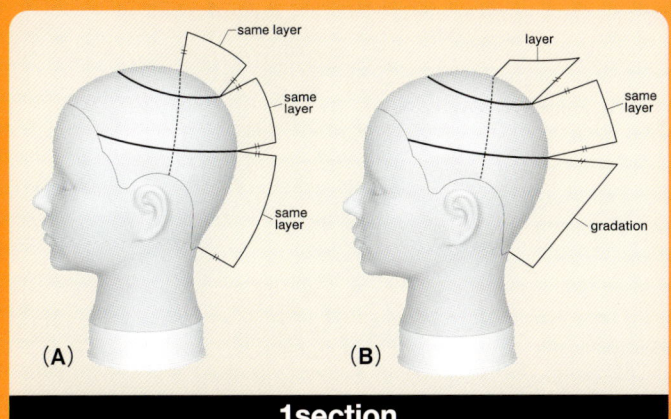

(A) 1section — same layer / same layer / same layer
(B) 1section — layer / same layer / gradation
(C) 2section — layer / layer / gradation

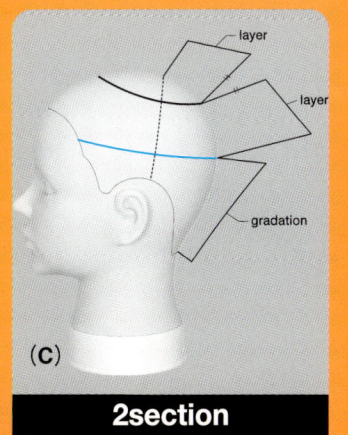

プロファイルラインの様々な組み合わせを、簡潔に整理すると以下のようになる。Aは、トップからネープまですべて同じ形状の切り口でカットしたもの。Bは骨格の起伏が大きく変わるポイントで切り口の形を変化させ、すべてつなげてカットしたもの。Cは2セクションラインの位置でオーバーとアンダーに別々な切り口を設定し、上下をつなげずにカットしたもの（＝2セクションカット）。このようなプロファイルラインのパターンの違いがフォルムの違いとなって現れる。

オーバーダイレクションによるアウトラインの形

サークルAでは、最初にプロファイルが決定され、オーバーダイレクションによって、二次的にアウトラインが形成される。ここでは、オーバーダイレクションのかけ方によって、どのようにアウトラインが変化するかみてみよう。

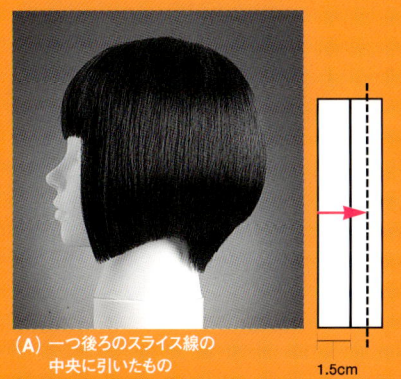

(A) 一つ後ろのスライス線の中央に引いたもの　1.5cm

(B) 一つ後ろのスライス線の最も後ろ端に引いたもの

Aはバックの正中線にハイグラデーションでガイドを設定し、すべて一つ後ろのスライス線の中央に引いたもの。その結果、ゆるやかな前下がりのラインになる。BはA同様にガイドを設定し、すべて一つ後ろのスライス線の最も後ろ端に引いたもの。その結果、Aよりも角度の強い、前下がりのラインになる。わずか7ミリ程度のオーバーダイレクションの違いでも、そのパネル展開が連続することによって、結果は大きく変わる。

011

2セクションでカットしてみよう

04 1セクション　前下がりハイレイヤー
1section high layer/overdirection complex

オーバーダイレクションの
かけ方を組み合わせる

10 2セクション　ロングレイヤー
2section long layer

2セクションで
ロングレイヤーをカットする

2 section

ローレイヤーを前方に
オーバーダイレクションする

03 1セクション　ローレイヤー
1section low layer

09 2セクション
セイムレイヤー・オン・ハイグラ
2section same layer on high gra

2セクションでレイヤーマッシュルームをカットする

組み合わせる

08 2セクション　グラ・オン・レイヤー
2section gra on layer

05 2セクション　レイヤー・オン・レ
2section layer on layer

アンダーとオーバーの
アウトラインの角度を変えてみる

プロファイルを
ハイレイヤーに変えてみる

06 ハイレイヤー（前下がり）
・オン・レイヤー（前上がり）
2section high layer on layer/outline crossing

01 1セクション　ハイレイヤー
1section high layer

1 section

00 1セク
1sect

アウトラインを、オーバーダイレクション
を使ってコントロール

02 1セクション　ハイグラデーション
1section high gradation

2セクションで
グラボブをカットしてみよう

2セクションでグラやレイヤーを

07 2セクション　グラ・オン・グラ
2section gra on gra

素材＋オーバーダイレクションで発生する量感の位置

通常、ハチ周辺は重いなど、素材による特徴のみで量感のたまりやすい場所を捉えがちだが、カットの特性、つまり**オーバーダイレクションのかけ方によっても量感の発生位置は異なる**。ここでは、素材＋オーバーダイレクションの組み合わせによる、スタイルごとの量感の発生位置をみていこう

素材的に量感が発生するところ

8.5センチくらいの長さで、セイムレイヤーをカットする（縦の重なりも横の連続もすべて同じ長さ＝ボウズから伸びた状態）と、**素材の性質がほぼそのままヘアスタイルに写し取られる**。つまり、P4で紹介した骨格の張り出しとハエギワの形による、髪の重なりの面積差がそのまま量感の発生位置になる。具体的に見ると、骨格が張っているハチ周辺やフロントに最も量感が多く発生。オキシピタルには小さな量感がある。ディテール的にいうと、もみあげの上の方や耳後ろなど、髪の生えている面積が多いところに重さが出ている。

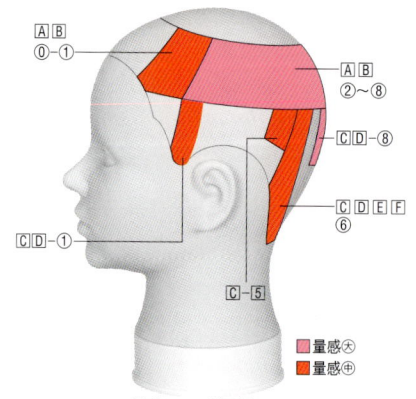

骨格・ハエギワ的に量感のたまりやすい場所

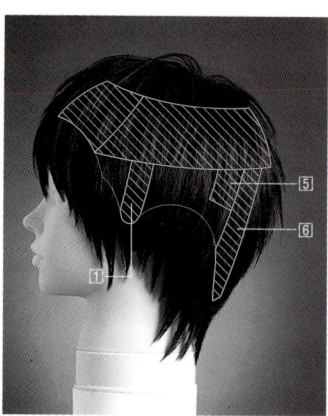

セイムレイヤーの量感の発生位置

長短によって量感が発生するところ

上記のように、**人間の頭には必然的に量感の発生しやすい場所が特定される**。それに対し、カットされたフォルムは素材に関係なく、オーバーダイレクションによる長短のつき方によって量感が発生する場所がある（つまりガイド側ほど軽く、終末点側ほど重くなるということ）。この場合、量感の発生場所は使われたオーバーダイレクションのかけ方によって変化するので、不特定になる。すべてのヘアスタイルは、素材とそのスタイルの長短のバランスが組み合わさることで量感が生まれている。

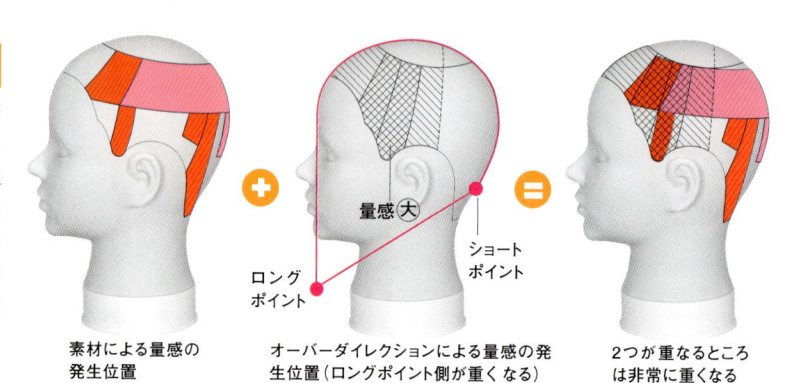

素材による量感の発生位置

オーバーダイレクションによる量感の発生位置（ロングポイント側が重くなる）

2つが重なるところは非常に重くなる

A
バックの正中線にガイドを設定し、一つ後ろのパネルに引きながらカット

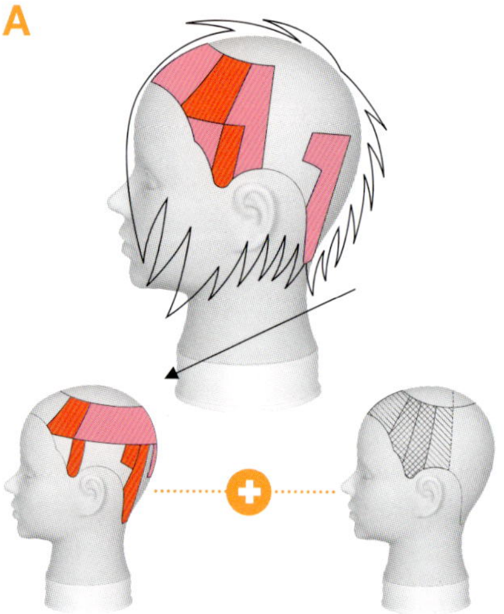

スタイルとしてはガイドとなる後方が軽くなり、終末点側にいくにつれ重さが発生する。それを素材と組み合わせて考えるとAのようになる。イア・トゥ・イアより前方、もみあげの上、前頭骨の張り出しを中心に、前方が非常に重くなる。

B
フェースラインにガイドを設定し、一つ前のパネルに引きながらカット

スタイル的には前方から切っているため、前方が軽くなり、後方に重さが集まる。素材の特徴と合わさった結果、後方の重さのポイント（みつえり、耳後ろの張り出し）は非常に重くなり、前方の重さのポイントはもみあげの上以外は、ほとんど消滅する。

C
Bを後方から切り返したスタイル

最も長いポイントがみつえり付近に移動する。そのことによってBと比較して、みつえりの上方が全体的にさらに重くなり、バックの正中線付近はやや軽くなる。

量感の発生する位置と削ぎについて

P12で学んだ量感の発生位置を的確に示すために、頭を分割し座標化したものがゾーンダイアグラム。ここでは、量感の発生位置と適切な削ぎの関係について解説する

ゾーン座標

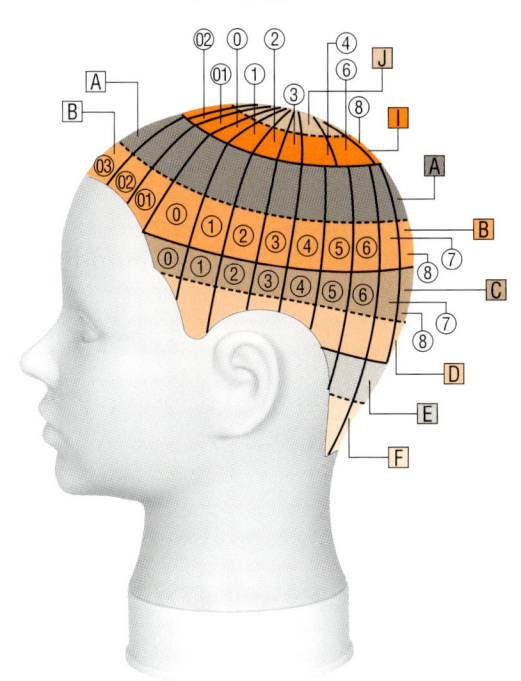

量感の発生する位置とゾーン座標

このダイアグラムは、数年前の削ぎの乱用が問題視された時代に、従来感覚的であった削ぎを論理的に整理していく目的で、P6の基本パネル図をベースにつくられたもの。**頭の場所に基づいて、適切に削ぎを入れるための目安として使用する。**

本書の大きな目的はパネル展開によるフォルムコントロールだが、あえてこの削ぎの座標を掲載した。フォルムが壊れる原因として多いのは、パネルによるフォルムコントロールの甘さを大量の削ぎで補おうとしたり、ベースカットの性質を無視して削ぎを入れたりといった、ベースカットと削ぎとを関連づけて考えていないことにあると思われるため。

まずベースカットの段階、つまりセクションごとの切り口の設定とパネルコントロールで、狙っているスタイルのフォルムと量感バランス、及び質感を可能な限り完成に近づけるべき。 ベースカットで80％くらいはコントロールできる。またベースカット終了時によく観察せず、画一的に同じ場所を削ぐことは、非常に危険な行為となる。**必要な場所に必要な分だけ削ぎを行うためには、何よりもまず正確なベースカットで土台をつくり、次に削ぎを入れる場所を的確に判断することが大切になる。**

具体的なスタイル解説のプロセス中では、ベースカット終了後ドライした状態を提示し、量感の発生しているところ（＝削ぎを入れるところ）を示すという展開にしている。削ぎ前の状態と仕上がりを比べると、スタイルをつくる上で削ぎがどのくらいの位置付けかを理解できると思う。また量感の発生位置は、この座標を目安に示してあるので参考にしてほしい。

※P12の「素材的に量感が発生するところ」もこの座標で示してあるので、比較してみよう。

セニングの種類

本書では削ぎを目的別に大きく2種類に分割している。髪の密度を減らして、フォルムを微妙に調節するインナーセニングと、束感をつくりながら質感や動きを調節するラインセニング。インナーセニングには、インナーレイヤーとインナーグラの2種類があり、ラインセニングは、主にサイドセニングとアンダーセニングがある。以下ではセニングについて、切り方と効果を解説する

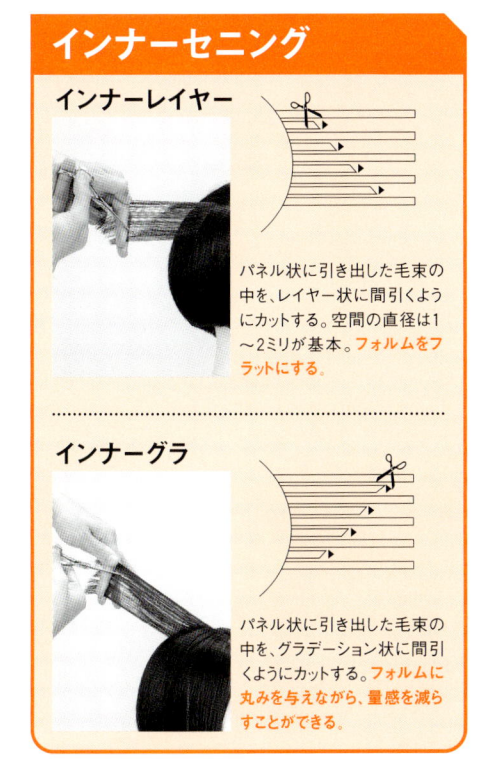

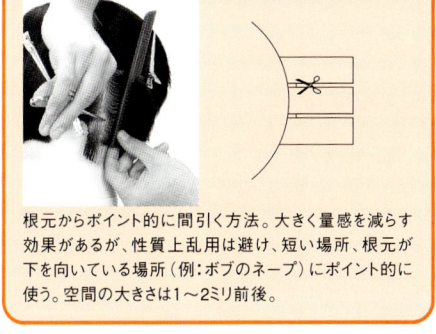

インナーセニング

インナーレイヤー
パネル状に引き出した毛束の中を、レイヤー状に間引くようにカットする。空間の直径は1～2ミリが基本。**フォルムをフラットにする。**

インナーグラ
パネル状に引き出した毛束の中を、グラデーション状に間引くようにカットする。**フォルムに丸みを与えながら、量感を減らすことができる。**

ラインセニング

サイドセニング
毛束の両サイドを、ハサミで細かく切るように削いでいく。**左右の動きと束感が発生する。**

アンダーセニング
毛束の下側を、ハサミで細かく切るように削いでいく。**毛束に浮力が生まれ、若干の束感が発生する。**

ポイントカット
毛先にハサミを縦に入れながら、均一に間引いていく方法。毛先に軽さとなじみを与える。

ルーツセニング
根元からポイント的に間引く方法。大きく量感を減らす効果があるが、性質上乱用は避け、短い場所、根元が下を向いている場所（例：ボブのネープ）にポイント的に使う。空間の大きさは1～2ミリ前後。

Design Circle-A
00 | 1section same layer

Alive

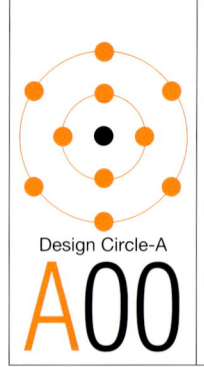

1セクション セイムレイヤー
1section same layer

頭の丸みに合わせ、すべてオンベースでセイムレイヤーにカットしていく。
フォルムには骨格の特徴がそのまま写し取られ、アウトラインにはハエギワの形が出てくる。
素材の特徴を理解し、骨格の起伏に合わせて、
正しくオンベースを引き出せるようにトレーニングしていこう

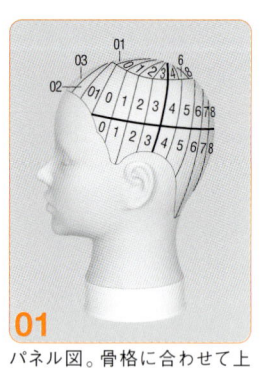

Design Circle-A
A00

01
パネル図。骨格に合わせて上下3つのセクションに分けて、つなげてカットしていく。

02
ハチ下のセクションの正中線（パネル8）にガイドを設定。上半分をオンベースで引き出し、セイムレイヤーにカット。

>>> >>>

06
フェースラインまで同様にオンベースでカットしていく。

07
ハチ上のセクションの正中線（パネル8）にガイドを設定。下とつなげてセイムレイヤーにオンベースでカット。骨格に合わせ水平よりやや上に引き出す。

>>> >>>

11
同様にフロントまでカットしていくが、トップは面積が少ないのでパネルの数を減らしていくこと。放射状に切り進む。

12
コーナーを落とす。パネルを床に対して完全に垂直に引き出し、カット。パネル展開はトップと同様。

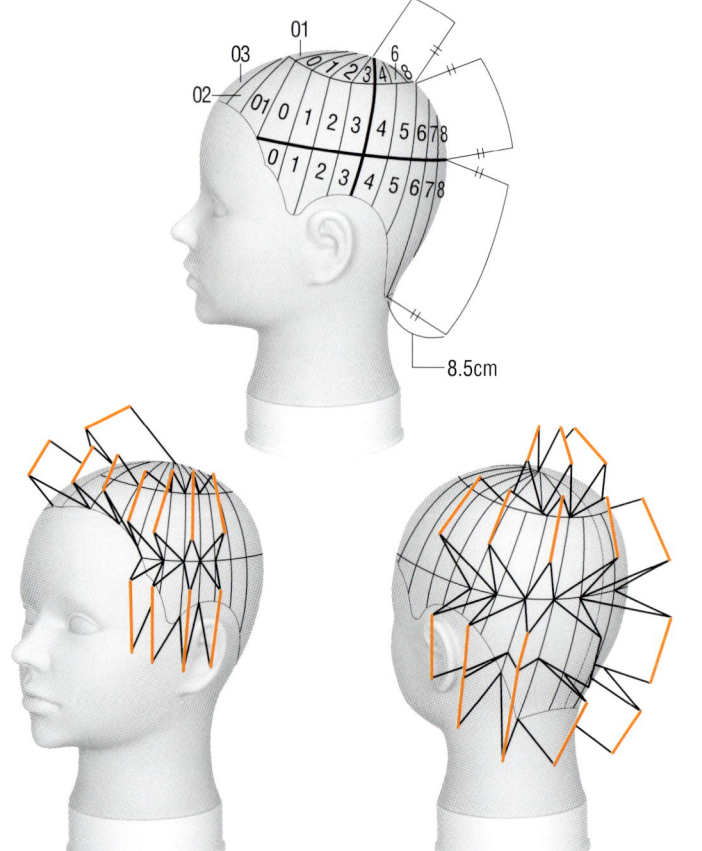

>>> >>>

8.5cm

016 / Modern Cut Manual

Modern Cut Manual　　Design Circle-A　　1section same layer

1section

03
下半分を同様にセイムレイヤーにカット。02よりもやや角度を下げ気味にする。

>>>

04
パネル8をガイドに、隣のパネル（パネル7）をオンベースでカット。

>>>

05
ネープセクションがなくなるパネル4以降はパネルを上下に分けずにカットする。同様にオンベースでカット。

>>>

08
同様に、前方に向かって、一つ後ろのパネルをガイドにオンベースでカットしていく。

>>>

09
フロントの曲面はパネルを後ろに引きやすいので注意すること。

>>>

10
トップも同様にカット。オンベースなので骨格に対して垂直に引き出すこと。ハチ上のセクションよりも少しパネルを上げる。

>>>

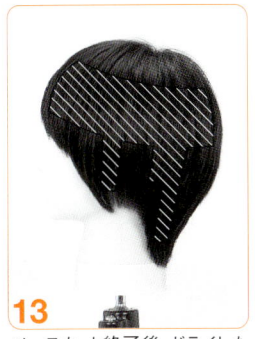

13
ベースカット終了後、ドライした状態。ハチ上（座標AB03～8）、もみあげの上（CD1）、耳後ろ（CDEF6）に量感が出ている。

>>>

14
量感が出ている部分にインナーレイヤーを入れる。

>>>

15
アウトライン（B03～01、C0、D0～4、E5、F6～8）にサイドセニングを入れ、束感を強調する。その他の毛先はポイントカットを深めに入れる。

>>>

ESSENTIAL 1
セイムレイヤーを通して、素材の性質を知ろう

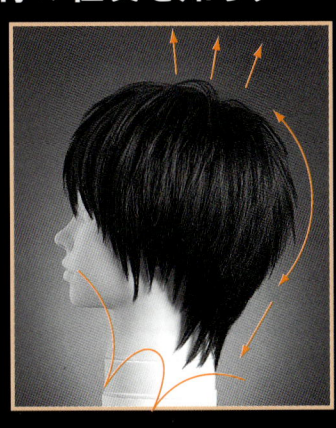

すべて同じ長さでカットすることで、骨格やハエギワの性質がそのまま出てくる。つまり、ヘアデザインとは、その素材の形を認識した上で、長短を人為的につくっていくということ。いつもこの形が土台にあるということを忘れないようにしよう。仕上がりを観察してみると、アウトラインはハエギワの影響を受けてえぐれていて、もみあげ、みつえり、フロントの正中線は出っ張り、耳上、耳後ろ、フェースラインはえぐれている。プロファイルはハチ上とフロントは丸く張り出し、ハチ下はフラットに収まり、トップは髪が立ち上がっている。

017

Weep

Angry

Smile

Funny

Design Circle-A
01 | 1 section high layer

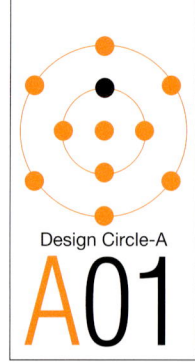

Design Circle-A A01

1セクション ハイレイヤー
1section high layer

縦パネルのフォルムコントロールにおいて最も重要な要素である
プロファイルラインの形を上が短く、下が長いハイレイヤーへと変化させる。
00とのフォルムの違いに注目してみよう。
パネル展開は00と同じオンベースでカットしているので、
アウトラインの形は同様に、ハエギワの形がそのまま出てくる

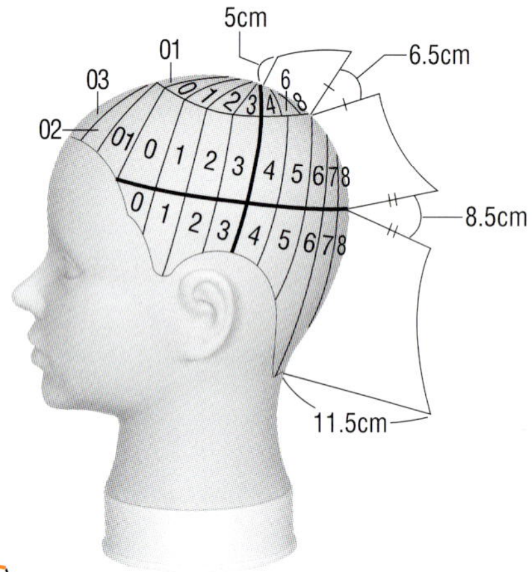

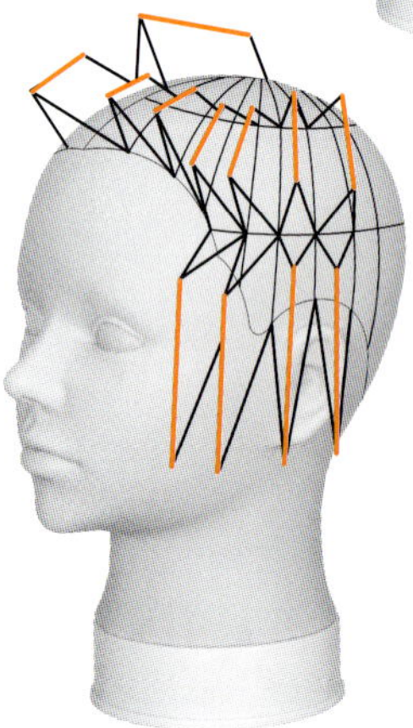

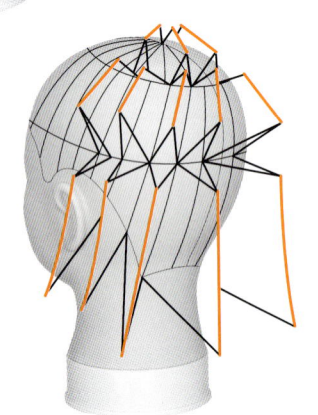

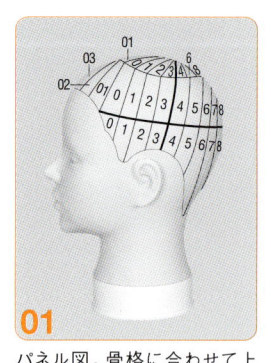

01 パネル図。骨格に合わせて上下3つのセクションに分けて、つなげてカットしていく。

02 ハチ下のセクションの正中線（パネル8）を、下の方が長くなるようにカット。パネルを上げすぎると、上が短く切れすぎるので注意。

07 フロント部分まで同様に切り進む。

08 トップの正中線（パネル8）に下とつなげてレイヤーでガイドを設定。ハチ上より少しパネルを上げ、上が短くなるようにカットする。

5cm
6.5cm
8.5cm
11.5cm

Modern Cut Manual　Design Circle-A　1section high layer

1section

03
パネル8をガイドに隣のパネル（パネル7）をオンベースでカット。

04
フロントまで同様に、オンベースでカットしていく。

05
ハチ上のセクションの正中線（パネル8）に、レイヤーでガイドを設定。ハチ下とつなげ、パネルの上の方が短くなるようにカット。

06
フェースラインまで、同様にカットする。パネルを下げすぎると、上が長くなりやすいので注意。ややパネルを上げ気味にすること。

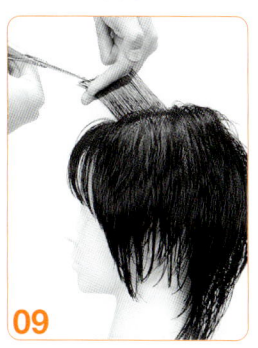

>>>　>>>　>>>　>>>

09
同様に、放射状にパネルを取りフロントまでカットしていく。

10
コーナーを落とす。パネルを床に対して垂直に引き出す。パネル展開はトップと同様。

11
ベースカット終了後、ドライした状態。ハチ周辺（BC0〜8）、もみあげ（D1）、耳後ろ（EF6）にインナーレイヤーを入れる。

12
アウトライン（B03〜01、C0、D0〜4、E5、F6〜8）にサイドセニングを入れ、束感を強調する。その他の毛先はポイントカットを深めに入れる。

>>>　>>>　>>>　>>>

ESSENTIAL 2
プロファイルラインの変化がフォルムにどう影響したか、観察してみよう！

ここでは、縦の重なりであるプロファイルラインの形状を変えた。アウトラインの形は00と同じように出ているが、フォルムは縦長になっている。トップは短いのでさらに立ち上がり、ハチ下の長いところはよりフラットに、くびれている。重心は00と比較して、下がっている。縦パネルのフォルムコントロールにおいて、プロファイルラインの形状は最も大きな要素と言える。

Design Circle-A
02 | 1 section high gradation

Vertical

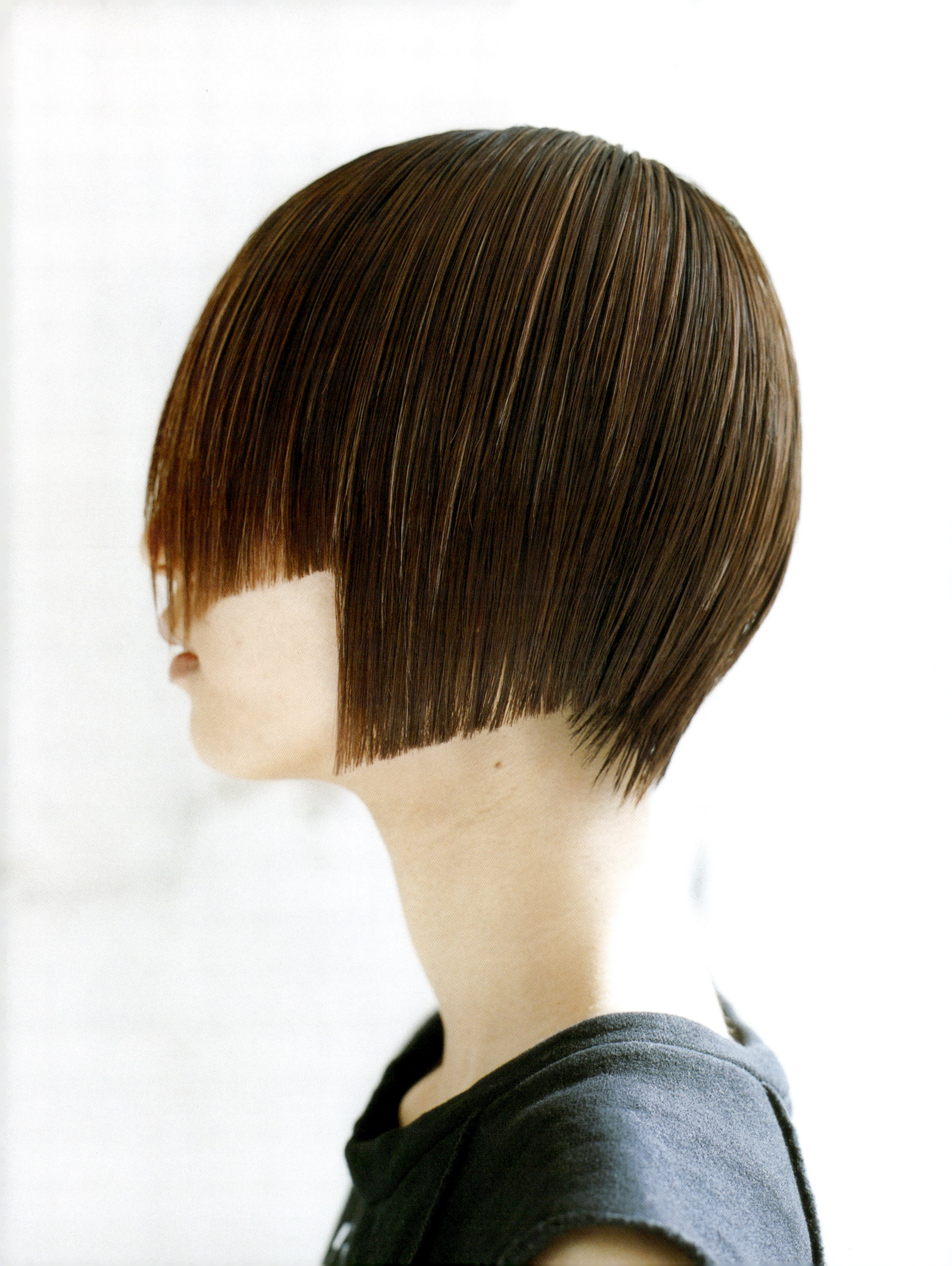

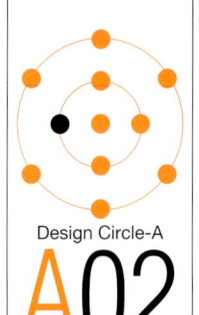

Design Circle-A A02

1セクション ハイグラデーション
1section high gradation

縦パネルのフォルムコントロールにおいて、もう一つの重要な要素であるオーバーダイレクション。
アウトラインのデザインを、それを使ってコントロールしていく。
ベースは一つ後ろにパネルを引くことでゆるい前下がりに。
耳後ろは大きく後ろに引くことで、ハエギワのえぐれをカバーしている。
またプロファイルの切り口が、上が長く、下が短くなることでボブのフォルムが生まれる

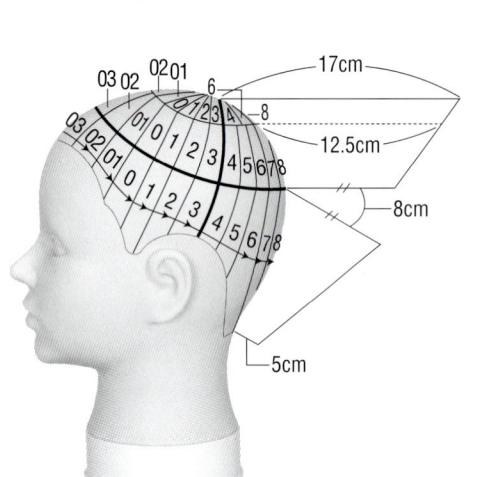

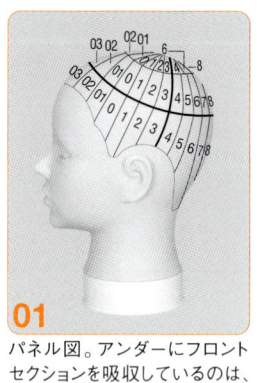

01 パネル図。アンダーにフロントセクションを吸収しているのは、サイドとフロントのアウトラインのグラを美しくつなげるため。

02 ハチ下のセクション（パネル8）をハイグラデーションでカット。あまりパネルを上げるとレイヤーになりやすいので、パネルを下げ気味にする。

05 サイド（パネル3～1）は、一つ後ろのスライス線の中央にパネルを引いてカット。

06 フロント（パネル0～03）は、一つ後ろのスライスの後ろ側に引いてカット。フロントのえぐれを補正したい場合は、0～02をさらに後ろに引き気味にするとよい。

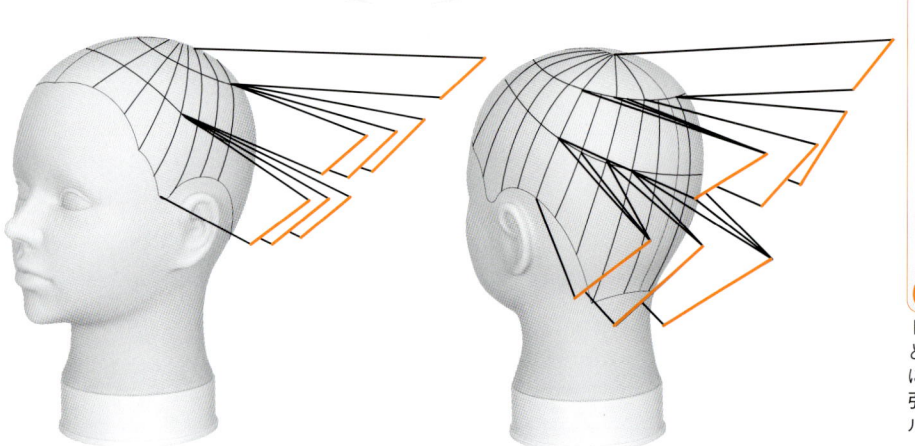

09 トップにガイドを設定。ハチ上とつなげてハイグラデーションにカット。床と水平にパネルを引き出す。トップも同様のパネル展開で切り進む。

10 コーナーを落とす。イア・トゥ・イアより後ろは放射状に、イア・トゥ・イアより前は前方に長さを残すためイア・トゥ・イアにすべて引いてカット。

024 Modern Cut Manual

Modern Cut Manual   Design Circle-A   1section high gradation

1section

03
みつえり（パネル6）までは一つ後ろのスライス線の中央にパネルを引いてカット。

04
耳後ろ（パネル4、5）は、アウトラインに耳後ろのえぐれを出さないため、みつえり（パネル6）までパネルを引き、長さを残す。

07
ハチ上のセクションの正中線（パネル8）にガイドを設定。ハチ下とつなげ、ハイグラデーションにカット。パネルは床と水平に引き出す。

08
ハチ下と同様のパネル展開でカットしていく。ハチ下と違うパネル展開をすると、グラのつながりが乱れるため。

11
イア・トゥ・イア前のハチ下（BC1〜3）、もみあげ（D1）、耳後ろの張り出し（CD56）にインナーレイヤーを入れる。

12
ネープ（EF6）にルーツセニングを入れ、すべての毛先にポイントカットを浅めに入れて仕上げる。

ESSENTIAL 3
オーバーダイレクションでアウトラインをコントロールする

01まではハエギワの形に沿って、耳周りのアウトラインがえぐれていたが、ここではオーバーダイレクションをかけてカットすることで、ハエギワの形を補正しながらアウトライン（横の連続）を人工的につくっている。パネルを一つ後ろに引いているのは、前下がりのデザインにするため。耳後ろをみつえりまで引いているのは補正で、耳後ろがえぐれているので、ラインに穴があかないようにしている。このようにデザイン的な目的と素材補正の目的を複合して、前後のオーバーダイレクションをコントロールしていく。

前後の面積差と段の見え方

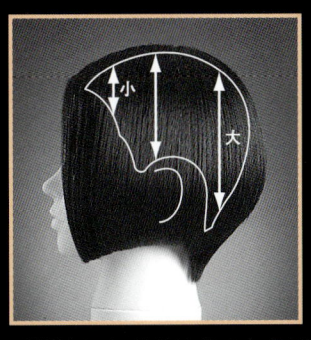

縦パネルの特徴として、ガイドの段の角度が最後のパネルまで、（長さは長くなるが）同じになる。しかし後方は段がたくさん入っているように見え、前の方は段が少なく見える。その理由は、一つは髪が生えている幅が違うから。バックは髪の生えている縦の距離が長いが、イア・トゥ・イアより前は短いため、前方の段の重なりが少なく見える。もう一つの理由は、短い毛は骨格に沿って立ち上がり、丸くなるのに対して、長い髪はフラットになり段が見えにくくなるため。

025

Design Circle-A
03 | 1 section low layer

Balance & Direction

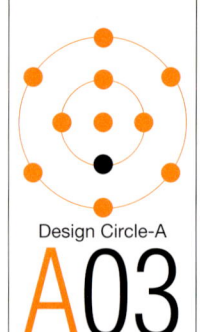

1セクション ローレイヤー
1section low layer

Design Circle-A A03

バックの正中線ではなく、フェースラインにガイドを設定。
後方に向かってパネル展開していき、フォルムをつくる。
その結果、前上がりのアウトラインが発生し、
前方が短く、後方が長くなるため、前から後ろに向かう流れが生まれる

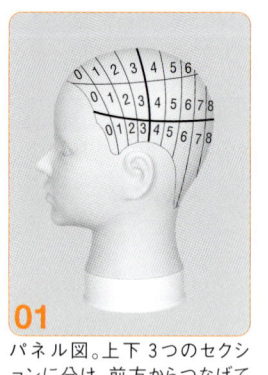

01 パネル図。上下3つのセクションに分け、前方からつなげてカットしていく。

02 アウトラインを平行に、指一本でカットする。

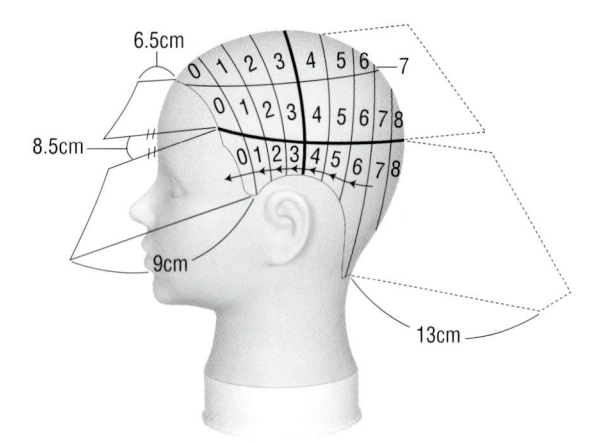

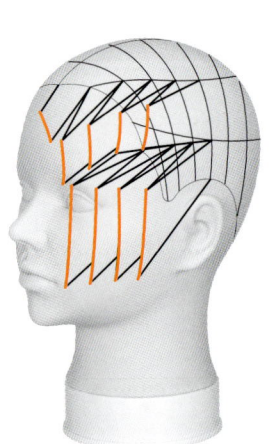

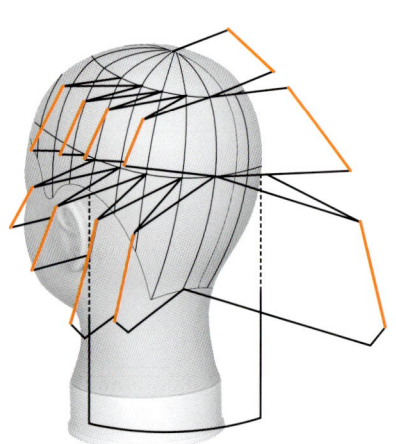

05 パネル7まで一つ前に引いてカットする。耳後ろ(パネル5)からネープセクションが発生するので、アウトラインのグラを残すようにする。

06 正中線(パネル8)はパネル7をガイドに、オンベースでカット。正中線を重くしすぎないため。

09 正中線の最後のパネルのみ、ハチ下と同様にオンベースでカット。

10 トップも同様にフェースラインをガイドに、下とつなげてカット。ハチ上と同様にパネルを展開する。トップを切り終えた後、必要に応じてコーナーを落とすこと。

028 Modern Cut Manual

Modern Cut Manual　　Design Circle-A　　1section low layer

1section

03
顔周りのデザインを考え、フェースライン（パネル0）にレイヤーでガイドを設定。オンベースよりも、少し前にパネルを倒してカット。

>>>

04
セクショニング後、ハチ下のセクションをカット。パネル0をガイドに、パネルを一つ前のスライス線の中央に引いてカット。

>>>

07
ハチ上のセクションをカット。フェースラインのレイヤーをガイドに、下とつなげてカット。

>>>

08
ハチ上もハチ下と同様に、パネルを一つ前に引いてカットしていく。

>>>

11
バックのハチ下（BCD5〜8）、もみあげ（CD1）にインナーレイヤーを入れる。

>>>

12
オーバーすべてとアウトラインにサイドセニングを入れる。その他の毛先はポイントカットを深めに入れる。

>>>

ESSENTIAL 4
髪は短い方から長い方へと動く

フェースラインにガイドがあり、前に引きながらカットしているため、アウトラインが前上がりに。髪は短い方から長い方へ動く習性があるので、毛流れが前→後ろになっている。また短い髪は止まり、長い髪は動きに幅が出ることがわかる。

ロングポイント側は量感が重くなる

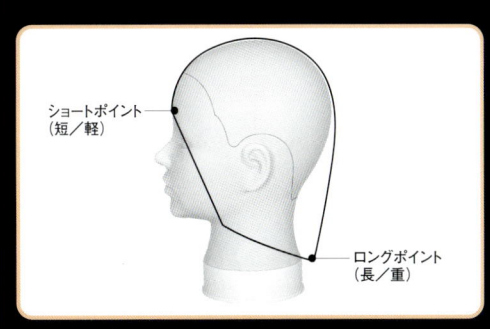

ショートポイント（短／軽）
ロングポイント（長／重）

オーバーダイレクションをかけてカットする場合、ガイドであるショートポイント側は軽くなり、ロングポイント側は重くなる。ここではさらに素材環境的に、髪の面積の少ないところ（イア・トゥ・イアより前）から、大きいところ（イア・トゥ・イアより後ろ）へ切っているため、後ろが重くなり過ぎる恐れがあるので、前方へのパネルの引き出しすぎには注意しよう。

029

Design Circle-A
04 | 1 section high layer/overdirection complex

Double impression

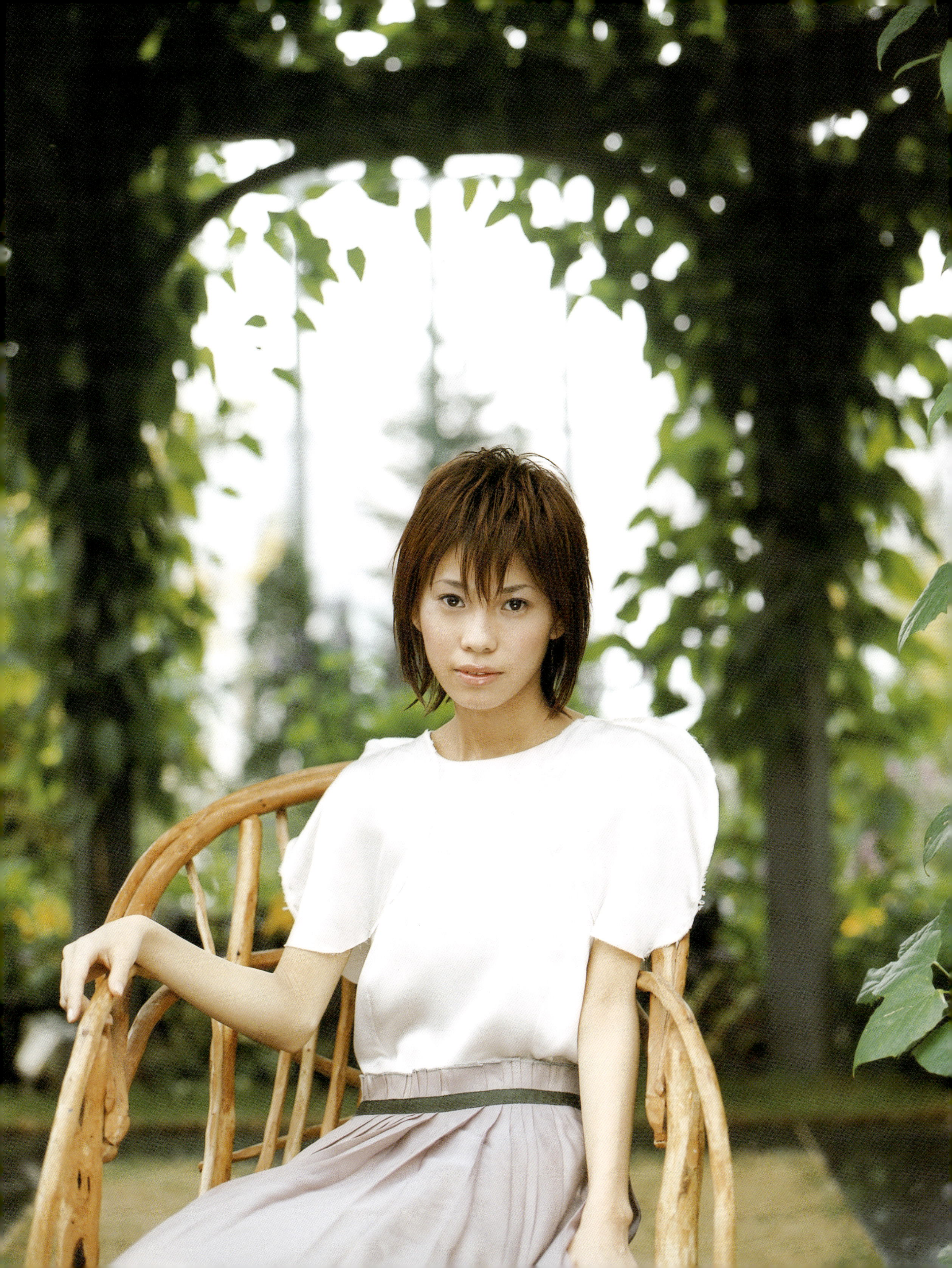

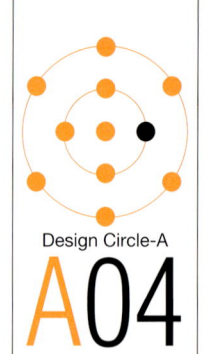

Design Circle-A A04

1セクション前下がりハイレイヤー
1section high layer/overdirection complex

オーバーダイレクションのかけ方を変化させてみよう。
イア・トゥ・イアより後ろはオーバーダイレクションの効果で極端な前下がりに、
前はゆるやかな前下がりになっている。
またバックの正中線からフェースラインまで、長距離のオーバーダイレクションが
かかっているので、前後で極端な長さの差が生まれている

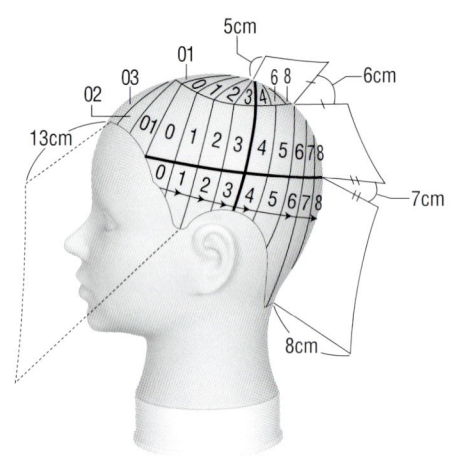

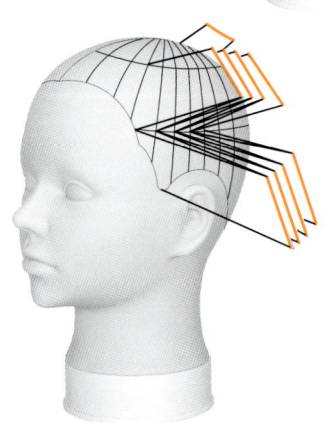

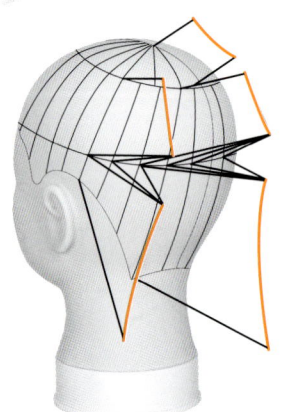

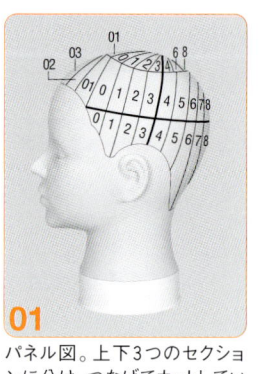

01
パネル図。上下3つのセクションに分け、つなげてカットしていく。

02
ハチ下のセクションの正中線（パネル8）にレイヤーでガイドを設定。オンベースで引き出し、上が短くなるようにカット。

06
ハチ上の正中線（パネル8）にガイドを設定。オンベースで引き出し、パネルの下側をアンダーとつなげ、上を短く切り込む。

07
ハチ上もハチ下同様のパネル展開でカット。パネル4、5は6までオーバーダイレクトする。

11
下と同様のパネル展開でカットしていく。

12
顔周りのデザインを考え、フェースラインに切り返しのガイドをレイヤーで設定。前方に引き出せるところまで引き出し、レイヤーを入れる。

032 Modern Cut Manual

Modern Cut Manual　Design Circle-A　1section same layer

1section

03
みつえりまで（パネル8）、正中線にオーバーダイレクトしてカット。前下がりのラインをつくる。

04
耳後ろはえぐれているので、パネル4、5は、みつえり（パネル6）までオーバーダイレクトしてカット。

05
パネル3より前はすべて一つ後ろに引いてカットしていく。

08
イア・トゥ・イアより前は一つ後ろに引いてカット。

09
同様に前方までカット。

10
トップの正中線（パネル8）に下とつないで、レイヤーでガイドを設定。

13
その後必要に応じて、コーナーを落とす。パネル展開はトップと同様。

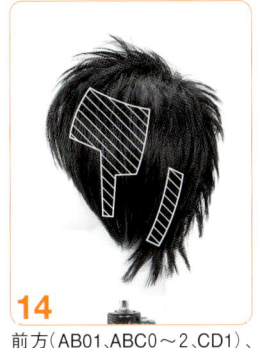

14
前方（AB01、ABC0〜2、CD1）、耳後ろ（CDEF6）にインナーレイヤーを入れる。

15
アウトラインにサイドセニングを入れ、トップにのみアンダーセニングを入れる。トップが短く髪が立ち上がるデザインなので、それをより強調する。

ESSENTIAL 5
オーバーダイレクションがかかるほど縦の距離感が生まれる

04を観察してみると、イア・トゥ・イアより後ろ、オーバーダイレクションが大きくかかったところは縦長になっていて、イア・トゥ・イアより前のあまりパネルを引いていないところは、縦の距離感がさほど出ていない。つまり、オーバーダイレクションがかかるほど、より大きな縦の距離感が生まれる。

長距離のオーバーダイレクションについて

オーバーダイレクションによって、ショートポイントとロングポイントの長さに差が出る。長さに大きな差が生じると、長い側はより大きく動き、それと同時に大きな量感が生まれる。したがって長距離のオーバーダイレクションは、度を越すとロングポイント側が動きすぎてまとまりにくくなったり、重心が傾きすぎてスタイルの量感バランスを悪くするので注意が必要。

033

Design Circle-A
05 | 2section layer on layer

LY

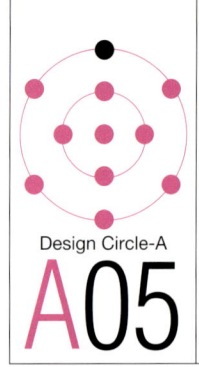

2セクションレイヤー・オン・レイヤー
2section layer on layer

Design Circle-A
A05

レイヤーを2セクションでカットする、2セクションの基本形とも言えるスタイル。
アンダーとオーバーの2つのセクションをつなげずにカットすることにより、
1つのスタイルの中に、2つのプロファイルとアウトラインが発生する。
その結果、1セクションのスタイルと比較して、ハチ下の量感が削られ、
ハチ上に大きな動きが生まれる

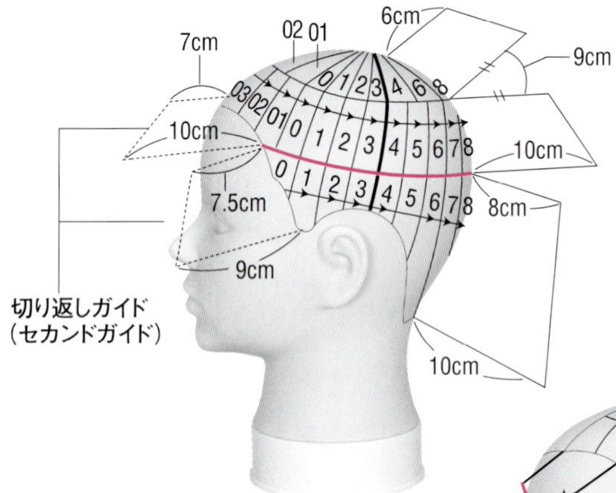

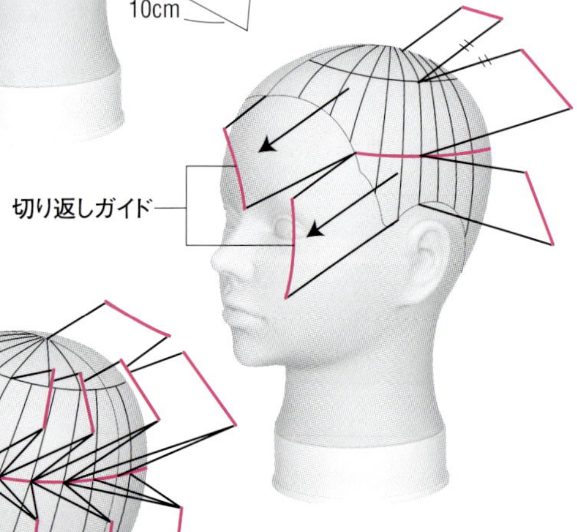

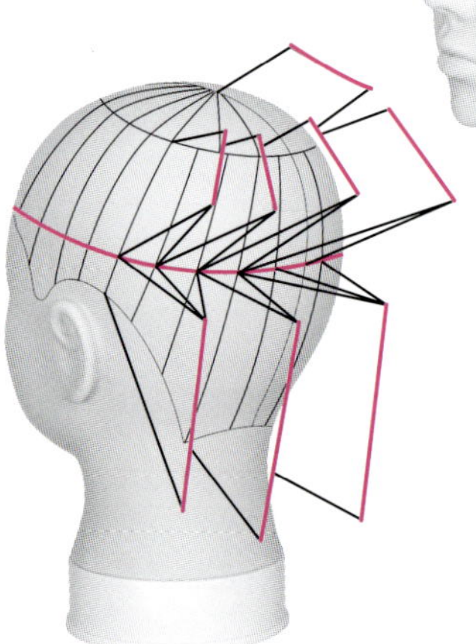

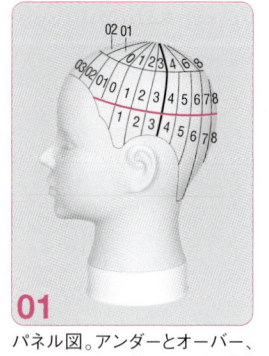

切り返しガイド（セカンドガイド）

切り返しガイド

01
パネル図。アンダーとオーバー、2セクションに分けてつなげずにカット。オーバーはつなげてカットするが、手順としてパリエタル、トップに分割する。

02
アンダーの正中線（パネル8）にレイヤーでガイドを設定。オンベースでカット。

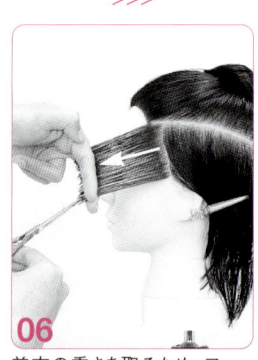

06
前方の重さを取るため、フェースラインに切り返しのガイドを設定する。

07
そのガイドのカットラインへ引き出せるところまで髪をすべて引き出してカット。

11
トップはパリエタルとつなげてカット。正中線（パネル8）を引き出して、レイヤーでガイドを設定。

12
パリエタル同様、すべてパネルを一つ後ろに引いてカットする。

036　Modern Cut Manual

Modern Cut Manual　　Design Circle-A　　2section layer on layer

2section

03
みつえり（パネル6）まで、一つ後ろにパネルを引いてカットする。

04
耳後ろはえぐれがあるので、パネル4、5のみやや後ろに引き気味（6まで）にする。

05
パネル3から前は、パネルを一つ後ろに引いてカットする。そのままフェースラインまで、パネルを一つ後ろに引いてカットする。

08
パリエタルの正中線に、アンダーセクションとつなげずにレイヤーでガイドを設定。

09
アンダーセクションとの長さの差はこのくらい。

10
パリエタルは、すべてパネルを一つ後ろに引いてカット。オーバーのアウトラインをやや前下がりにする。

13
フェースラインにガイドを設定後、引き出せるところまで引き出しカット。フロントのデザインを決める。その後、必要に応じてトップのコーナーを落とす。

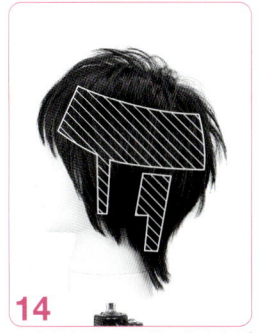

14
ハチ上（AB01〜8）、もみあげ（CD1）、耳後ろ（CD5、CDEF6）にインナーレイヤーを入れる。

15
オーバーセクションとアウトラインにサイドセニングを、トップセクションにアンダーセニングを入れて仕上げる。

ESSENTIAL 6
2セクションでカットしてみる

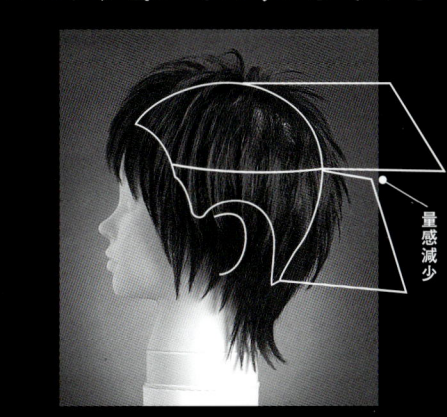

量感減少

2セクションでカットすることで、ハチ下の量感がなくなり、ハチ上の長さと動きが強調される。バランス的にはやや上に重心が発生する。

アンダーセクションに削ぎを入れすぎないこと

ハチの高さで分ける2セクションは、アンダーセクションの量感が少なくなるということ。ベースカット後、削ぎを入れる際に、アンダーセクションを削ぎ過ぎてしまうとオーバーセクションが過剰に重く見えるので注意しよう。同様に、インサイドポイント（P59参照）も短くなりすぎると同じ結果になるので注意しよう。

037

Design Circle-A

06 | 2section high layer on layer/outline crossing

TRANS FORMED

by **FRONT**

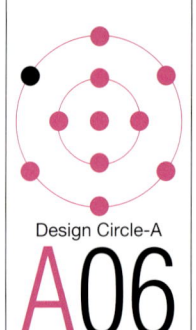

Design Circle-A
A06

2セクション　ハイレイヤー（前下がり）・オン・レイヤー
2section high layer on layer/outline crossing

2セクションにおけるフォルムコントロールの重要な要素の一つ、アンダーセクションとオーバーセクションのアウトラインの角度に注目。上下のセクションのアウトラインを別の角度で設定している。アウトラインの角度を組み合わせることで、いろいろなイメージをつくり出すことができ、デザインの幅を広げる

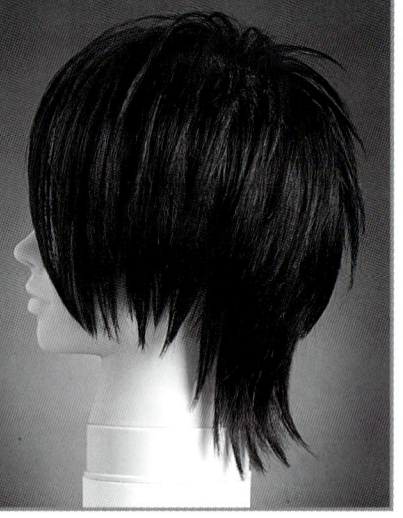

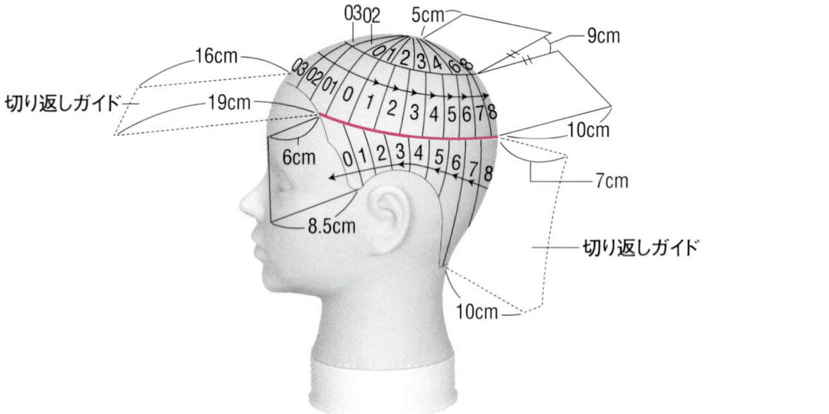

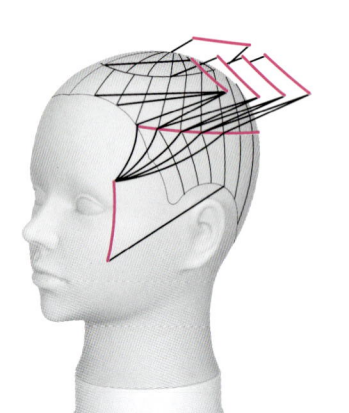

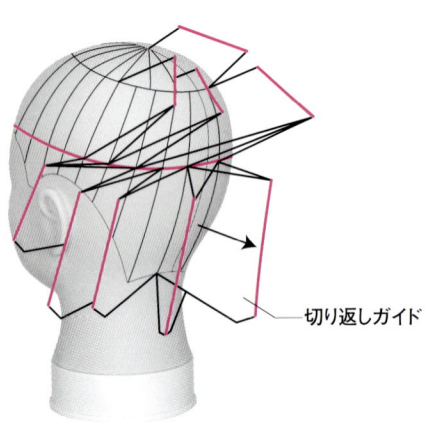

切り返しガイド
16cm
19cm
5cm
9cm
10cm
7cm
切り返しガイド
6cm
8.5cm
10cm

切り返しガイド

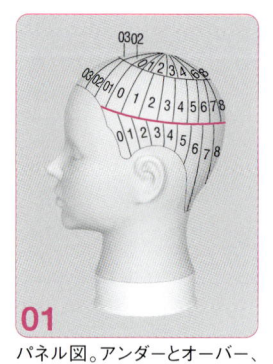

01 パネル図。アンダーとオーバー、2セクションに分け、つなげずにカット。

02 アンダーセクションをカット。アウトラインを設定。指1本で、平行にカット。

>>> >>>

08 オーバーセクションをカット。パリエタルの正中線（パネル8）に、下とつなげずに、レイヤーでガイドを設定。

09 みつえり（パネル6）まで正中線にオーバーダイレクトしてカット。

>>> >>>

12 トップにガイドを設定。パリエタルの上側とつなげてカットし、上の方は短く切り込む。パリエタルと同様のパネル展開でカット。

13 フェースラインの重さを取るため、前方から切り返す。レイヤーでガイドを設定後、前方に引き出せるところまで引き出してカットする。

>>> >>>

040 / Modern Cut Manual

（前上がり）

Modern Cut Manual　Design Circle-A　2section high layer on layer /outline crossing

2section

03 アンダーのフェースライン（パネル0）にレイヤーでガイドを設定。やや前に引き出す。

04 パネル3までは、パネル0をカットした位置まで引き出してカットする。

05 耳後ろはえぐれているため、パネル4、5はパネル3までオーバーダイレクトしてカット。

06 パネル6〜8は、一つ前に引いてカットする。バックのアウトライン上に重さを残したいので、パネル5以降は、アウトラインのグラを残すようにカットする。

07 バックの正中線の重さを取るため、後ろから切り返す。レイヤーでガイドを設定し、後ろに引き出せるところまで、すべて引き出してカット。

10 パネル5〜1までは、一つ後ろにパネルを引いてカットし、前下がりのアウトラインをつくる。

11 前下がり感を強調するため、フロント（パネル03〜0）はパネル1まで引いてカットする。

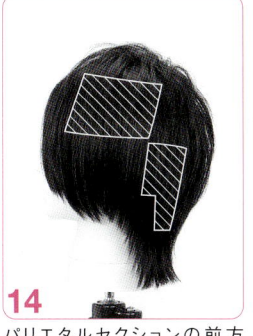

14 パリエタルセクションの前方（AB01〜4）、耳後ろ（CD5、CDEF6）にインナーレイヤーを入れる。

15 オーバーセクション（JIABすべて）とアウトラインにサイドセニングを入れる。トップ（IJすべて）にはアンダーセニングを入れる。

ESSENTIAL 7
切り返しの目的

ヘアカットにおいてガイド側、つまりショートポイント側が短く、軽くなり、終末点（ロングポイント側）が長く、重くなる。その量感のバランスを調整するために、ロングポイント側にセカンドガイド（2次的なガイド）を設定し、そちら側から切り返すことで重さのバランスを合わせていく。基本的にはセカンドガイドはファーストガイドよりも若干長めにし、同じポイントに集めてカットする。その結果、ロングポイントが移動し、重心も移動する。

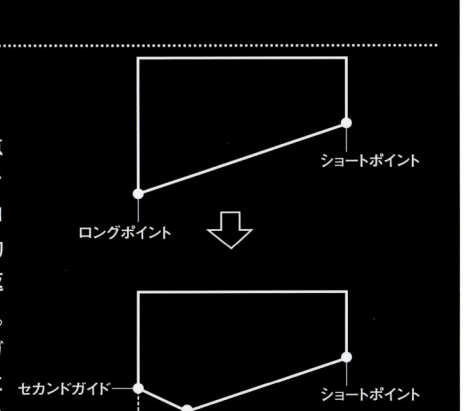

オーバーのアウトラインとアンダーのアウトラインの組み合わせ

2セクションのメリットの1つに、オーバーとアンダーで、別のアウトラインを設定できるということがある。一般的に言うと、アウトラインの角度は平行だとカジュアルでややクラシックなイメージ。前下がりはシャープでアグレッシブ、前上がりは女性らしいエレガントなイメージになる。以上を踏まえ、上下セクションの二つのアウトラインを組み合わせることで、様々なイメージをつくり出すことができる。

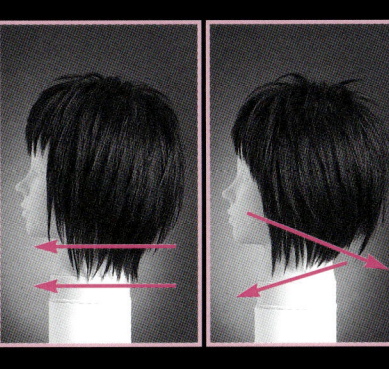

Design Circle-A
07 | 2section gra on gra

F
　L
　　O
　　　W

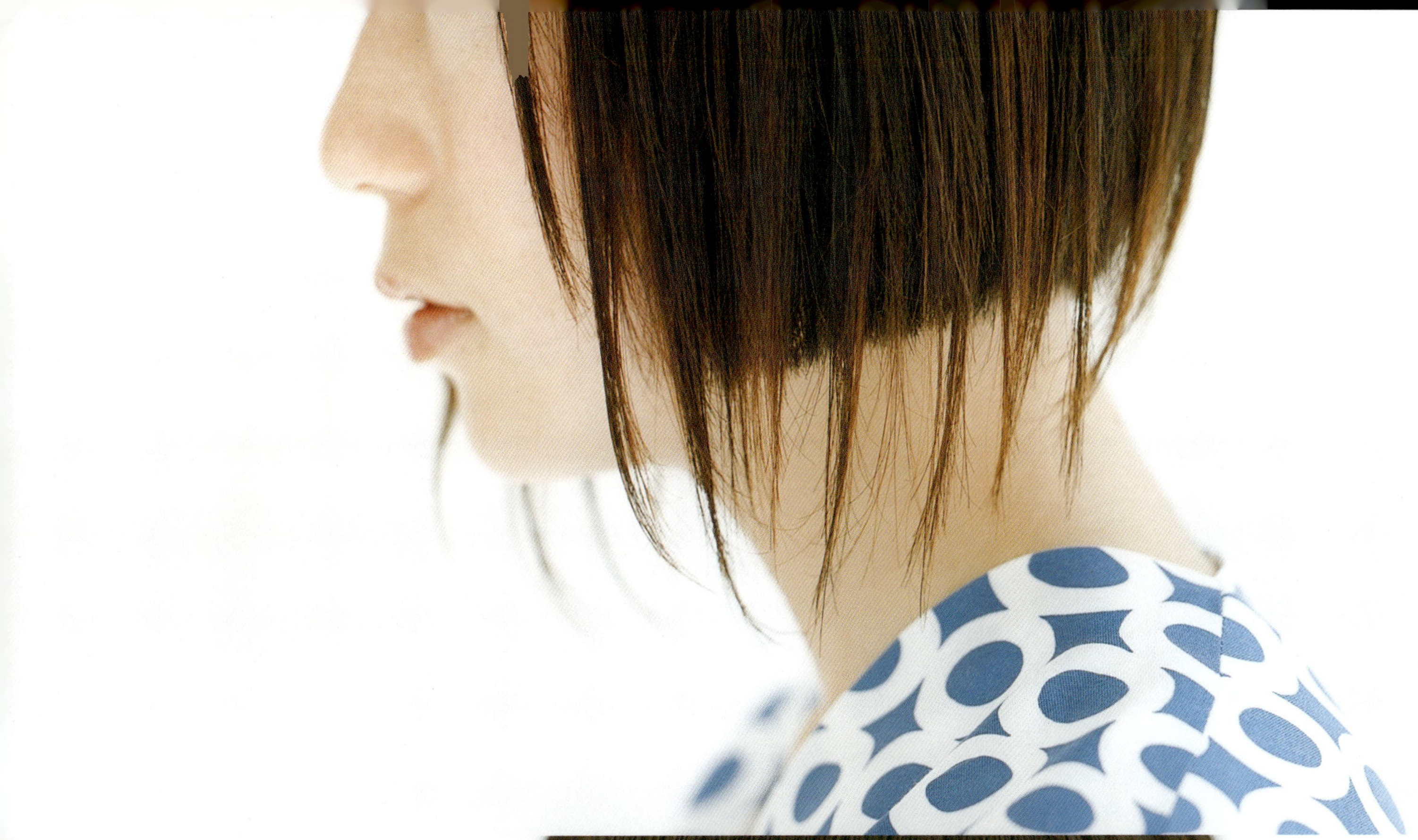
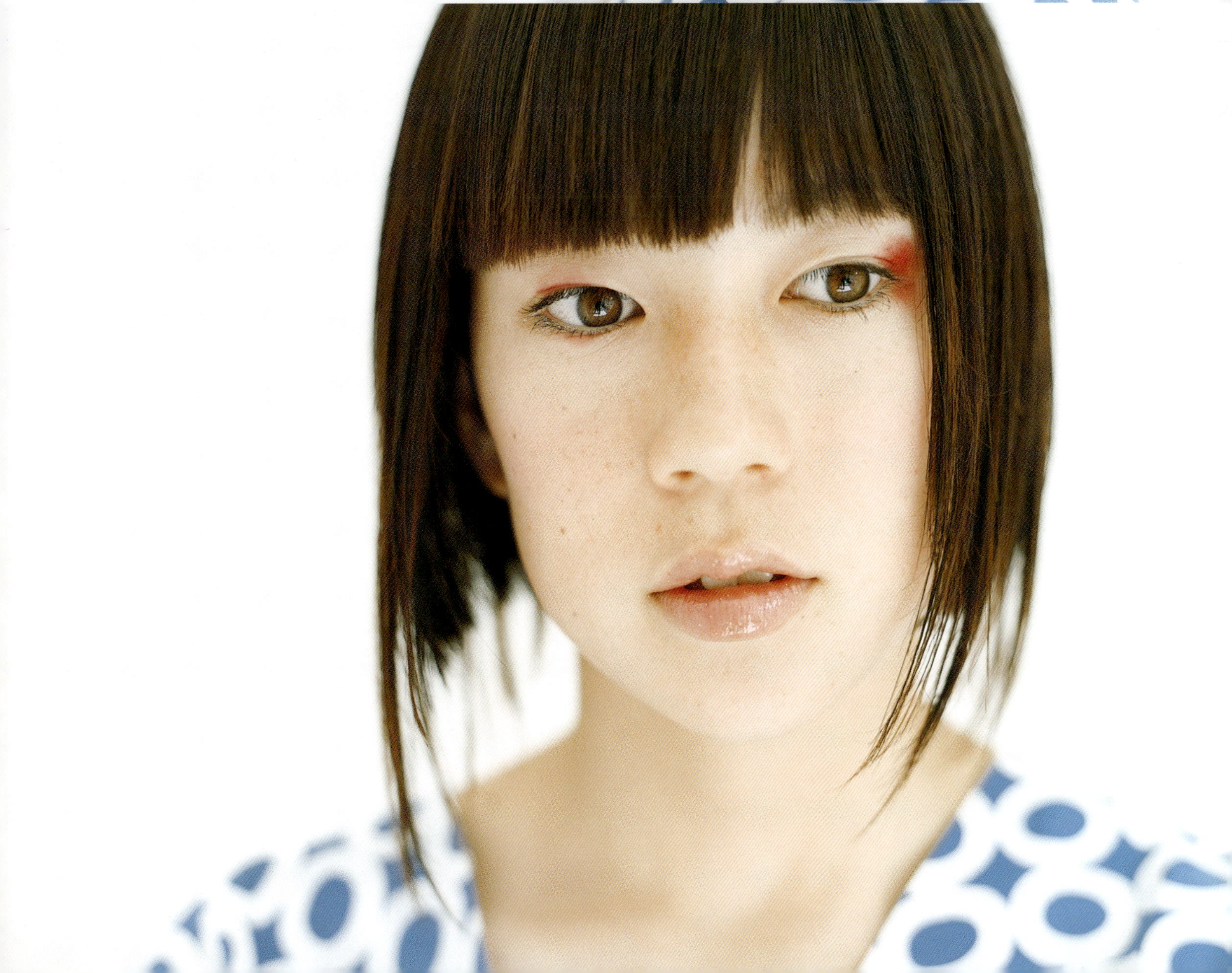

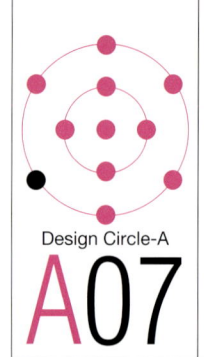

2セクション グラ・オン・グラ
2section gra on gra

Design Circle-A A07

このスタイルでは、オーバーセクションのアウトラインが、アンダーセクションのアウトラインにオーバーラップしている。2セクションカットにおいて、オーバーセクションのアウトラインが、アンダーセクションのアウトラインの上に位置するケースも含め、上下セクションのアウトラインの長さのズレ幅のコントロールは、重要なポイントとなる

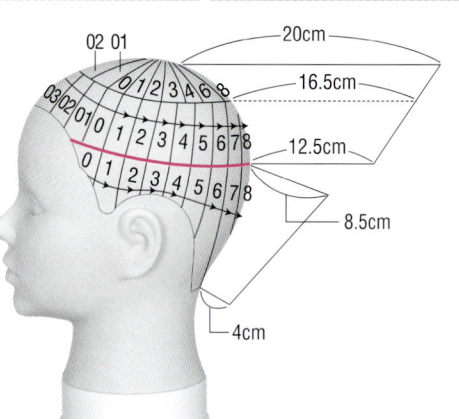

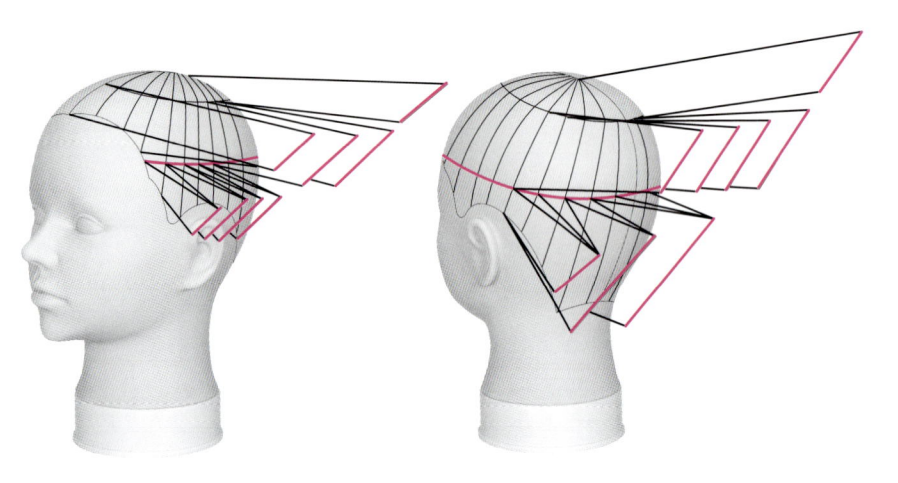

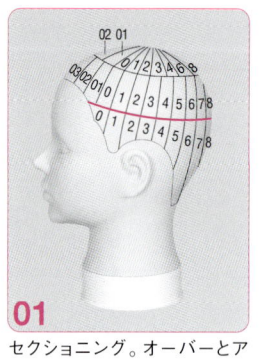

01 セクショニング。オーバーとアンダーを分け、つなげずに2セクションでカット。

02 アンダーの正中線（パネル8）にガイドを設定。ネープが逃げないように、パネルをやや下げ気味にし、ハイグラデーションにカット。

06 オーバーをカット。下とのズレ幅を計算に入れ、パリエタルの正中線（パネル8）にガイドを設定。下とつなげずにハイグラデーションにカットする。

07 アンダーとの長さのズレ幅はこのくらい。

11 トップはパリエタルとつなげてハイグラデーションにカット。パリエタルと同様のパネル展開で切り進む。

12 コーナーを削る。イア・トゥ・イアより後ろは放射状に、イア・トゥ・イアより前は前方に長さを残すため、イア・トゥ・イアにすべて引いてカット。

Modern Cut Manual | Design Circle-A | 2section gra on gra

2section

03
みつえり（パネル6）まで、一つ後ろに引いてカット。

04
耳後ろがえぐれていてアウトラインに穴があきやすいので、パネル4、5のみは6まで引いてカットする。

05
パネル3〜0は一つ後ろに引いてカット。

08
前下がり感を強調するため、パネル6まで正中線（パネル8）にオーバーダイレクトしてカットする。

09
パネル5〜1は、一つ後ろに引いてカットする。前下がりのアウトラインをつくる。

10
フロント（パネル0〜03）はすべてパネル1までオーバーダイレクト。前下がり感を強調する。

13
パリエタル後方（AB5〜8）、耳後ろ（CD56）、もみあげ（CD1）、ネープ（EF6）に量感が出ている。

14
ネープにはルーツセニングを、それ以外の量感の出ているところにはインナーレイヤーを入れる。

15
トップ（JIすべて）はインナーグラを入れる。毛先はすべてポイントカットを浅めに入れて仕上げる。

ESSENTIAL 8
オーバーのアウトラインがアンダーのアウトラインにオーバーラップ

オーバーラップ / オーバーラップしていない

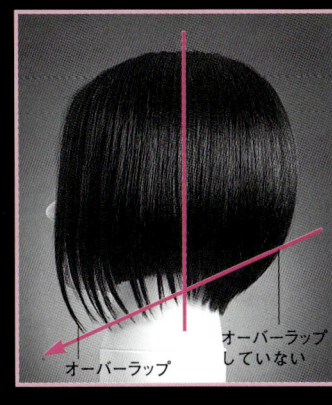

オーバーのアウトラインが、アンダーにオーバーラップできるのも2セクションの特徴の1つ。オーバーラップしているところは軽く見え、オーバーラップしていないところは重く見える。また、上下のアウトラインにズレ幅が生まれたことで、ハチ上に大きな動きが出ている（02と比べてみよう）。ズレ幅の大きいところは、軽さと動き、そして髪に大きな曲がりが生まれる。

長さのズレ幅1

オーバーラップする際の、長さのズレ幅に注目してみよう。ズレ幅が少ないと、デザイン的につながっていないことがわかりにくく、量感調節や、軽さと動きの援助が主な目的になる。長さのズレ幅が大きくなるほど、デザイン的につながっていないことが見え、その長短のコントラストがアバンギャルド度を上げていく。注意点としては、よりズレ幅が生まれた髪は大きく曲がるということ。その曲がりを計算に入れてカットしよう。

07／ズレ幅大　　VerI／ズレ幅小

Design Circle-A
08 | 2section gra on layer

Kick! Kick! Kick!

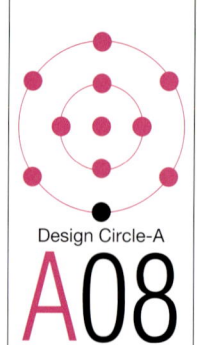

Design Circle-A
A08

2セクション グラ・オン・レイヤー
2section gra on layer

オーバーセクションにグラデーション、アンダーセクションにレイヤーという、
性質の異なる切り口を2セクションで組み合わせる。
オーバーセクションは重く横広がりなフォルムになり、
アンダーセクションは軽く、縦長いフォルムになる。
その結果、ひし形のフォルムが生まれる

01 パネル図。オーバーとアンダーを分け、2セクションでつなげずにカット。

02 アンダーセクションのアウトラインを、指1本で平行にカット。

06 正中線（パネル8）まで、一つ前に引いてカットする。

07 バックの正中線の重さを取るため、後ろから切り返す。レイヤーでガイドを設定後、引き出せるところまですべて引き出して、カット。

11 トップのフェースラインにガイドを設定。パリエタルとつなげて、セイムレイヤーにカット。グラデーションにしないのはオーバーが重くなりすぎるため。

12 パリエタルと同様のパネル展開でカット。パネル3まではパネル0をカットしたポイントに引き出す。

オーバーもアンダーと同様のパネル展開

切り返しガイド

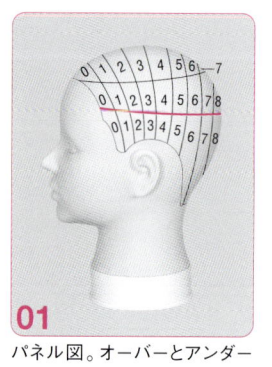

Modern Cut Manual

Modern Cut Manual | Design Circle-A | 2section gra on layer

2section

03
フェースライン（パネル0）にレイヤーでガイドを設定。やや前方に倒し、カットする。

>>>

04
パネル1はパネル0をカットしたポイントまで引き出してカット。

>>>

05
パネル2以降は、すべて一つ前に引き出してカット。パネル5からネープセクションが発生するので、アウトラインのグラを残すこと。

>>>

08
オーバーをカット。パリエタルのフェースライン（パネル0）にハイグラでガイドを設定。あまり重いグラにしないことが大切。

>>>

09
パネル3まで、パネル0をカットしたポイントまで引き出してカットする。

>>>

10
パネル4以降は、正中線（パネル8）まで、すべて一つ前に引いてカットする。

>>>

13
パネル4以降は、一つ前に引き出してカット。

>>>

14
オーバーセクションを切り返す。正中線にレイヤー＋グラでガイドを設定し、その後引き出せるところまで引き出してカットする。

>>>

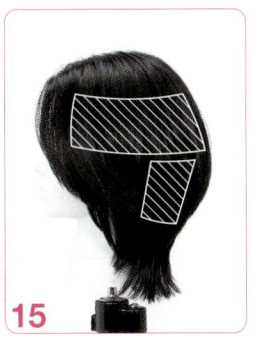

15
パリエタルと耳後ろにインナーレイヤーを入れ、量感を削る。オーバーセクションとアウトラインにサイドセニングを入れ、仕上げる。

>>>

ESSENTIAL 9

長さのズレ幅2

VerⅠ／ズレ幅小 　　VerⅡ／ズレ幅大

アンダーセクションのアウトラインの上に、オーバーセクションのアウトラインが設定される場合のズレ幅に注目。ズレ幅が大きいほどレイヤーっぽい印象になり、少ないほどボブっぽいイメージになる。

2セクションでグラ、レイヤーを組み合わせる

このスタイルは、骨格的に張り出していてボリュームが出やすいハチ上にグラデーション、張り出していないハチ下にレイヤーという設定。そのため、上のグラを重く切り過ぎる、または下のレイヤーを軽く切り過ぎると、決定的なミスバランスを引き起こしがち。下のレイヤーは重めに、上のグラは軽めにカットした方がよい。このように2セクションでグラとレイヤーを組み合わせる場合、双方の微妙なバランスに注意すること。

049

m o

Design Circle-A
09 | 2section same layer on high gra

tion

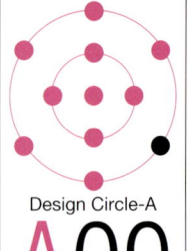

2セクション セイムレイヤー・オン・ハイグラ
2section same layer on high gra

Design Circle-A
A09

ここまでトレーニングしてきた、
2セクションと縦パネルの特性を応用し、
通常の重く、重心の低い1セクショングラのマッシュルームではなく、
軽く、動きを持った現代的なマッシュルームをカットしていく

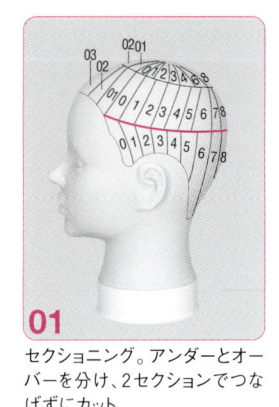

01 セクショニング。アンダーとオーバーを分け、2セクションでつなげずにカット。

02 アンダーのフェースライン（パネル0）に、ハイグラでガイドを設定。

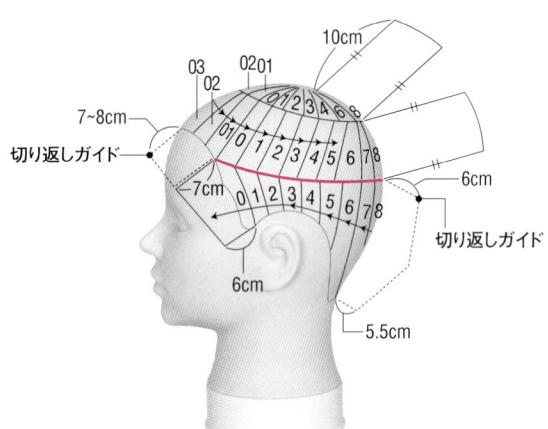

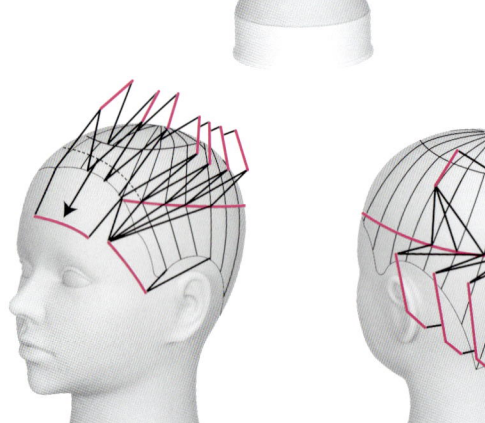

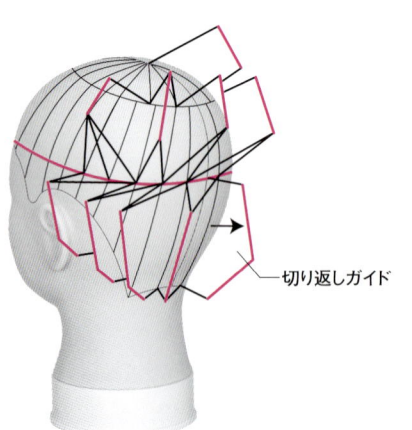

06 ネープ部分（パネルの下側）はさらに重いグラでカットし、ネープに締まりをつくる。

07 バック正中線の重さを取るため、後方からレイヤーで切り返す。下のグラはそのまま残すようにする。

11 トップも、パリエタルとつなげてセイムレイヤーでガイドを設定。パリエタルと同様のパネル展開でカット。

12 前方に引き出して、フェースラインを丸みのあるラインでカット。顔周りの丸さを強調するため、**フェースラインのみアンダーセクションとつなげる。**

052 / Modern Cut Manual

Modern Cut Manual | Design Circle-A | 2section same layer on high gra

2section

03
耳上（パネル3）までは、パネル0をカットしたポイントに引き出してカット。前上がり感を強調する。

04
パネル4、5はパネル3まで引き出してカット。

05
パネル6〜8は、すべて一つ前に引いてカットする。パネル5以降はネープセクションが発生する。パネルの上をカットしたら、

08
オーバーをカット。パリエタルの正中線にセイムレイヤーでガイドを設定。

09
後頭部に丸みを出すため、パネル8〜5まではオンベースでカット。

10
パネル4〜03は、すべて一つ後ろに引いてカットし、前方への毛流れをつくる。

13
コーナーを削る。

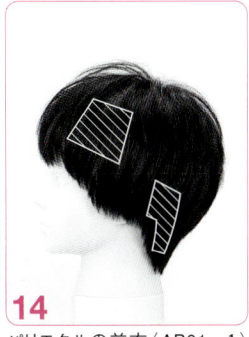

14
パリエタルの前方（AB01〜1）と耳後ろの張り出し付近（C5、6）にインナーレイヤー、ネープ（EF6）にルーツセニングを入れる。

15
トップ（JIすべて）にアンダーセニング、オーバーセクションとサイドのアウトライン（C0、D0〜4）にサイドセニングを入れる。

ESSENTIAL 10
前から切るのか、後ろから切るのか

フェースラインにガイドを設定するということは、フェースラインのデザインが全体のフォルムに写し取られるということ。バックのプロファイルにガイドを設定するということは、全体のフォルムをつくるために使われた切り口がフェースラインのデザインに写し取られることを指す。

どのくらい違うのか観察してみよう

VerI／前からカットし、後ろから切り返したもの

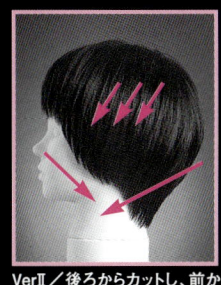

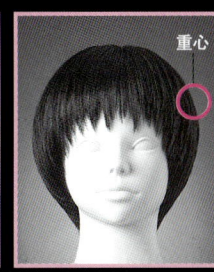

VerII／後ろからカットし、前から切り返したもの

VerIは1セクションで、前からカットし、後ろから切り返している。VerIIは後ろからカットし、前から切り返している。同じようなスタイルに見えるが、VerIIの方が前から見た時にVerIよりも重心が高く見える。またVerIIはファーストガイドを後ろに設定しているので、前方へ向かう毛流れが生まれやすい。同テイストのスタイルを前後どちらからでもアプローチできる場合、ファーストガイドをどちらに設定するかによって、長さや重心のバランスなど案外違うものになるので注意しよう。

053

Design Circle-A

10 | 2section long layer

Fall & Swing

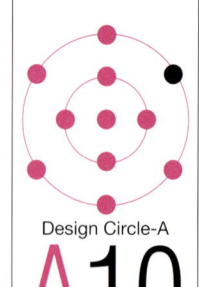

2セクション ロングレイヤー
2section long layer

Design Circle-A A10

2セクションでロングレイヤーをカットしていく。
ロングになるということは、短いスタイルと比較して、切り口の形が出にくく、
フォルムはフラットになり、レイヤーの段差も見えにくくなる。
ここではハチ上の長さをキープしながら、より大きな動きを与える目的で、2セクションを使用している

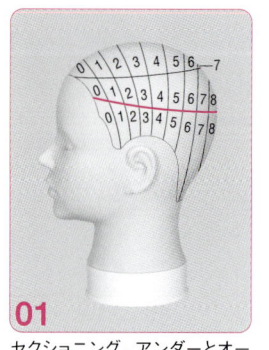

15cm
17cm
13cm
20.5cm
18cm

アンダーと同様の
パネル展開

④と⑤でレイヤーを
ディスコネする

01 セクショニング。アンダーとオーバーをつなげずに、2セクションでカット。

02 アンダーのアウトラインを設定。指1本で、ゆるく前上がりにカット。

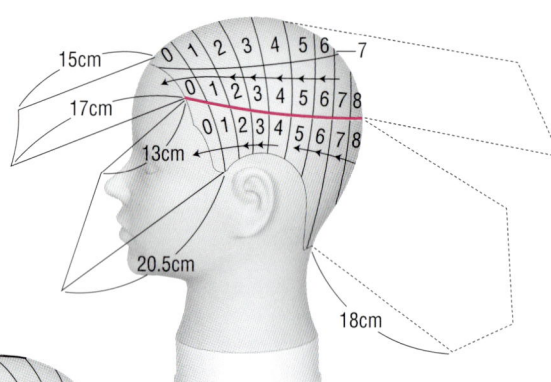

08 イア・トゥ・イアより後ろ（パネル5〜7）は、一つ前に引き出してカットする。

09 バックの正中線（パネル8）は、パネル7をガイドにオンベースでカットする。重さが出すぎないようにするため。

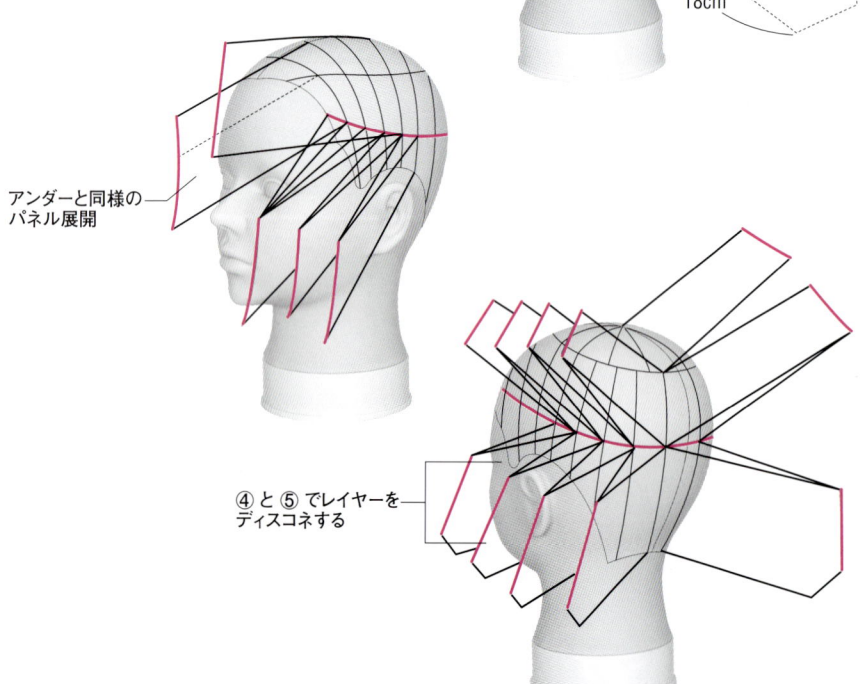

12 パネル3以降、一つ前に引いてカット。

13 バックの正中線（パネル8）のみ、パネル7をガイドにオンベースでカットする。

056 Modern Cut Manual

Modern Cut Manual | Design Circle-A | 2section long layer

2section

03
アンダーのフェースラインに、レイヤーでガイドを設定。ややパネルを前に引き出す。

04
パネル2までは、パネル0をカットしたポイントに引いてカットする。

05
パネル3、4は一つ前に引き出してカットする。パネル4からは、アウトラインのグラデーションを残すこと。

06
イア・トゥ・イアより後ろ（パネル5）に、**前後の量感差をなくすため、新しいガイドを設定**。オンベースでやや短めにカットする。

07
パネル4と5のズレ幅はこのくらい。レイヤーがディスクコネクションされた。

10
オーバーのフェースラインに、レイヤーでガイドを設定。フェースラインのデザインを意識してカットする。

11
トップとパリエタルをセクショニング後、パリエタルからカット。パネル2までパネル0をカットしたポイントに引き出して、カットする。

14
トップもパリエタルと同様にカットしていく。

15
ハチ後方（AB5〜8）、前頭骨の張り出し（AB1）にインナーレイヤーを入れる。オーバーとアウトラインにサイドセニングを入れる。

ESSENTIAL 11
ロングをカットするときの注意点

スタイルが長くなるほどフラットになり、プロファイルの特徴や骨格の影響が見えにくくなる。そのため、レイヤーをハイレイヤー気味に切っても、全体が長い場合はその段差が形としてあまり見えない。また長くなるほど、毛先の動く幅も大きくなる。そのため、あまりにも削ぎでバラバラにしてしまうと、全くまとまらなくなるので注意すること。

アウトラインの毛先は削り過ぎないこと
アウトラインの毛先は時間が経過しているため、損傷し、薄くなっている。したがって削ぎ過ぎると、アウトラインが消滅し、オーバーセクションが重く見えてしまう。ベースカット時にアウトラインにやや重さを残すことが大切。

切り返しとバックの重心

VerⅠはオーバーのバックの重さを切り返しによって取ることで、オーバー後方の重心が軽くなり、縦長になる。さらに、VerⅡではアンダーのバックも切り返し、インサイドポイントが短くなることで、えり足がくびれ、重心が上の方になり、ひし形のフォルムになる。切り返しは、重心の位置を調節するのに重要なテクニックだが、同時にデザインそのものを変えていることになる。だから効果を把握した上で、その人に合わせたバランスを設定しよう。

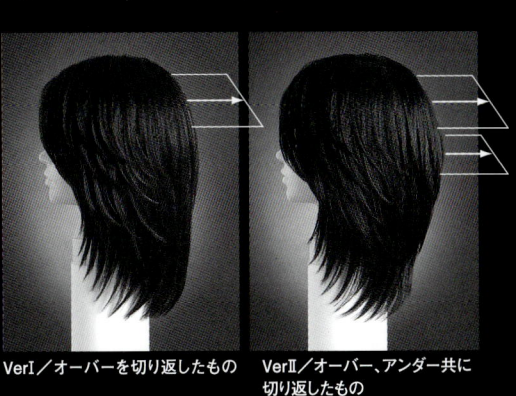

VerⅠ／オーバーを切り返したもの　　VerⅡ／オーバー、アンダー共に切り返したもの

057

Cut Basic Manual_File no.03

2セクションカットの特徴と整理

サークル中では、2セクションのスタイルも1セクションと同様に解説してきたが、ここでは改めて2セクションカットの特徴を整理する。1セクションカットとの違い、2セクションならではのデザイン効果など注目してみよう

ハチ下をつなげない2セクションカットの効果

つなげないことによって、どんな効果が生まれるのか1セクションでカットしたレイヤースタイルと比較してみよう

01 同じレイヤーでもより動きと空気感が出せる

アンダーセクションの上部を短くカットすることでハチ下の量感が減少し、またつなげないことによってホールド力が低下するので、オーバーセクションに大きな動きと空気感が発生する。

02 削がなくても量感が減る

写真のように上下セクションの間に空間が発生することで、アンダーセクション側から量感が減る。同量の空間を削ぎで減らそうとした場合、大量の削ぎを行うことになる。

03 ハチ上の長さを活かしやすい

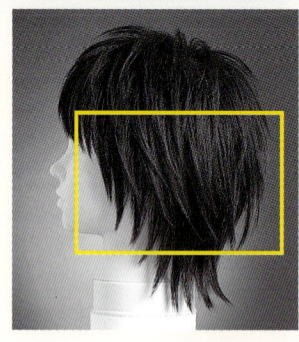

1セクションレイヤーカットの場合、軽くしようと思った際にはトップからハチ上を短く切りこんでいかなくてはいけない。2セクションカットの場合、ハチ下の量感を抜き取れる分、ハチ上に長さを残しながら、全体を軽くできる。

1セクションでカットしたレイヤースタイル

04 バリエーションが広がる

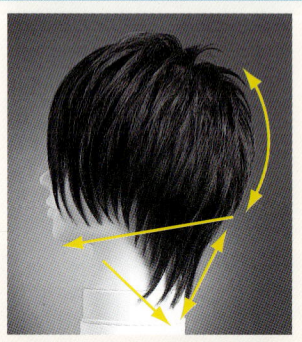

2セクションカットの場合、上下のセクションでそれぞれ独立したプロファイルとアウトラインを持つことになる。それを組み合わせることで、1セクションよりもデザインバリエーションが広がる。

05 重心の高いスタイルがつくりやすい

アンダーの量感が減るため、重心がオーバー側に発生する。その結果、やや重心の高いスタイルになりやすい。

06 オーバーセクションでアウトラインがつくれる

2セクションカットでは、上下セクションのアウトラインの長さのズレ幅がデザインのポイントとなる。アンダーのアウトラインよりも高い位置にオーバーのアウトラインがある場合、1セクションと識別しにくいが、オーバーのアウトラインがアンダーをオーバーラップした時、1セクションでは不可能な2セクション独自のフォルムが生まれる。

Modern Cut Manual

2セクションカットが日本人に受け入れられた理由

現代のサロンワークでは、1セクションと同様に、2セクションによるカットを使用することも多い。
なぜ2セクションが、このように日本人に受け入れられたのか、以下にまとめてみた

- 日本人の重く、量の多い髪を軽くしたかったから。
- ハチ上の長さを残しながら、軽さと動きがほしかったから。
- ハチ上を短く切ってしまうと、日本人の髪の場合、立ち上がってしまうから。
- やや横広がりで、下膨れな日本人の顔には、低い重心よりも、やや重心の高いスタイルの方が似合わせやすいから。

基本的な2セクションラインの引き方
本書中での基本的な2セクションラインの設定の仕方を解説

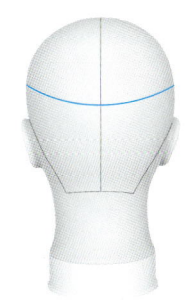

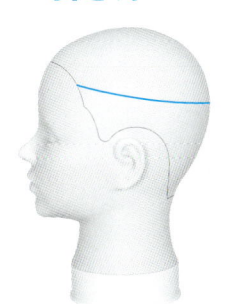

基本的に、上下セクションの体積がほぼ同じになる場所でセクショニングすると作業しやすい。基本形はハチの張り出しの1センチ下を通り、骨格の起伏に合わせて、少し後ろ下がり。バックの正中線付近はやや平行に戻す。バックを平行に戻すのは、そのまま下がってしまうとバックが重くなるため。この基本形を人間に整合させた場合、後方はぼんのくぼの張り出しの1～2センチ上、前方はこめかみの張り出しとそりこみの間のポイントに設定する。

ラインを変化させるケース
求めるデザインによって、上記の2セクションラインを上下させたり、角度を変えたりするが、その際には以下のことに気をつけよう

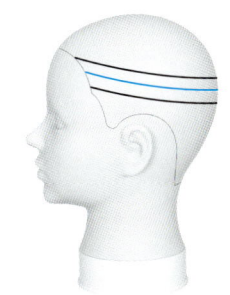

ラインを上下させる

2セクションラインが下がる場合、オーバーの体積がアンダーの体積よりも多くなるので、上が重く、下は軽くなりすぎる傾向にある。そのため、現状のサロンワークで使われるケースは少ない。ラインが上がる場合、アンダーのインサイドポイント（パネル上側）がハチの張り出しに当たってしまうと、短い髪が立ち上がり、収まらなくなるので注意すること。また上の縦の距離が短くなるので、オーバーにレイヤーの断層をたくさん見せたいときは不利になる。メンズのベリーショートなどでは、2セクションラインを上げるケースが多い。

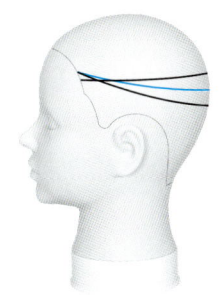

ラインの角度

オーバーのアウトラインは常に2セクションラインの傾斜から影響を受ける。そのため、オーバーのアウトラインが前下がりなら、2セクションラインも前下がりというようにオーバーのアウトラインの傾斜と整合させて、2セクションラインを設定すると作業しやすい。
2セクションラインを設定する際に大事なことは、低い位置のラインを高い位置に上げることは容易にできるが、高い位置から低い位置に下げるには髪が伸びるまでに最低半年はかかるということ。その後の展開をイメージして、ラインを設定することが大切になる。様々なスタイルに適応しやすい2セクションラインのモデルとして上記の基本形を提案している。

アウトラインのズレ幅とインサイドポイント

2セクションの長さのズレ幅という場合、2つのズレ幅を指している。
このどちらもフォルムコントロールの際に重要になってくるので、意識して設定すること

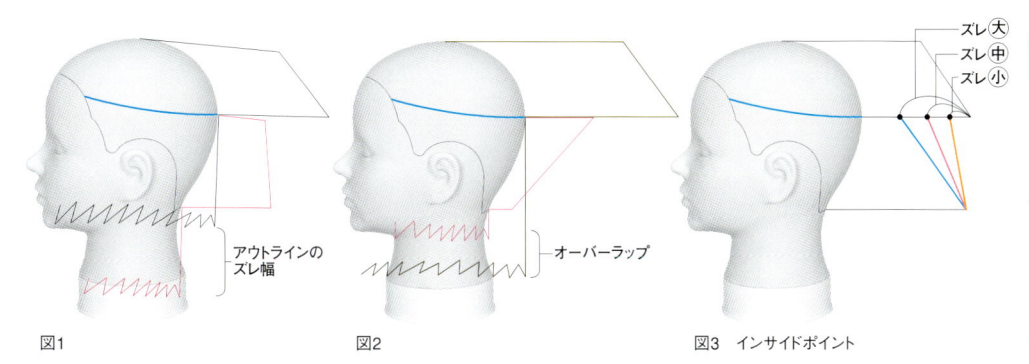

アウトラインのズレ幅

オーバーのアウトラインがアンダーのアウトラインよりも高い位置にあるケース（図1）と、アンダーのアウトラインをオーバーがオーバーラップするケース（図2）があり、大きくデザインが変わる。

インサイドポイント

オーバーのパネルの下側とアンダーの上側の長さのズレ幅（＝インサイドポイント：図3）も大きなポイントとなる。このズレ幅が大きくなればなるほど、アンダーの量感が減少し、それにつれオーバーの動きが誘発される。ただし、インサイドポイントは短ければよいということではなく、デザインの狙いと素材にあった適切なズレ幅を設定することが大切。ちなみに現状のサロンワークでは、2センチ前後に設定することが多い。

図1　アウトラインのズレ幅
図2　オーバーラップ
図3　インサイドポイント（ズレ大／ズレ中／ズレ小）

エレベーションボブから始める
Design Circle B

▒ 横パネルとエレベーション

サークルBは横パネルから始まり、斜めパネルを含めて構成されている。より自由なフォルムコントロールを考えると、縦パネルだけでなく、横パネルや斜めパネルを理解しておくことも必要になるので、サークルAと併せてトレーニングしてほしい。それぞれを理解することが、それぞれをより深く理解していくことにつながる。

横パネルはアウトラインをプロセスの初めにカットするため、アウトラインの形を自由にコントロールしやすく、シャープにアウトラインを表現したい場合に有効になる。しかしその反面、縦の重なり（プロファイルライン）が重くなりやすく、この重さが現代のサロンワークの中で、マイナスイメージとして受け止められることが少なくない。

そのため本書では、横パネルの特性を活かしつつ、ハイエレベーションの手法を論理的に取り入れることで、縦の重なりに適度な軽さを与えている。

ただし、サークルAと比較してみると、サークルBはアウトラインが最初に設定されるのでシャープになり、その後エレベーションによって縦の重なりが二次的に生まれていくため、プロファイルラインが重く、曖昧になっている。

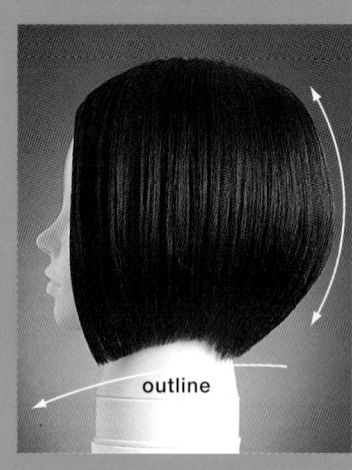

エレベーションについて
デザインサークルBは、ハイエレベーションを使って、横パネルの特徴であるシャープなアウトラインを活かしつつ、プロファイル上に適度な軽さを与えている。

▒ どこをガイドとするか？

一つのデザインをつくる時に、どこからカットするかということは非常に重要になる。なぜかというと最初にカットしたパネルがショートポイント（最もスタイルの中で短いところ）となり、スタイルの大きな方向性が決まるため。

横パネルと縦パネルの大きな違いの一つに、このガイドの設定位置の違いが挙げられる。通常縦パネルでカットする場合、バックの正中線上にガイドが設定される。横パネルでカットする場合、サイドアウトライン、バックアウトライン、ネープにガイドが設定される。フェースラインに関しては、そこに最初のガイドを設定し、そのまま縦で進行することもあれば、アウトラインをサイドとつなぎ、横で進行するというケースもある。

常にガイド側に引かれながらカットされていくので、アウトライン上にガイドがある横パネルは、ボブ的で低重心なスタイルをカットしやすく、プロファイル上にガイドがある縦は、レイヤー的で縦長のスタイルをカットしやすいということになる。

サークルB中では、いろいろな位置にガイドを設定しているので、それによってフォルムがどう変化しているか注目してみよう。

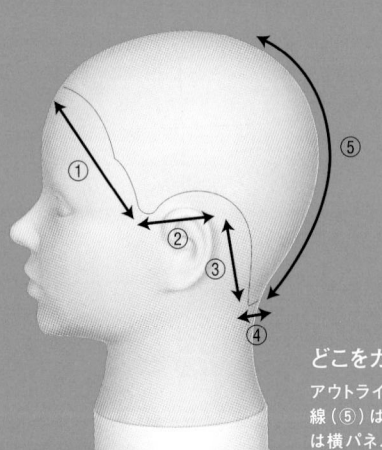

どこをガイドとするか？
アウトライン（②〜④）は横パネル、正中線（⑤）は縦パネル、フェースライン（①）は横パネル、縦パネル両方のアプローチの際に、ガイドとして設定される。

▒ なぜ横パネルボブがはじまり（00）なのか？

サークルBの始まりには、完全に横スライスで取ったハイエレベーションボブを配置した。重さ・軽さのコントロールが不可欠である現在の状況を踏まえ、軽さを与えるためハイエレベーションを使っている。その後の展開は斜めスライスをプラスすることによって、パネルを引き出す方向のパターンを広げ、フォルムのバリエーションを展開している。

060 Modern Cut Manual

サークルBに入る前に

斜めパネルについて

サークルB中では、エレベーションと共にどのようにスライス線を引くかが大きなポイントになっている。ここでは横パネルと縦パネルの中間である斜めパネルの特徴について解説する

斜めパネルとは？

縦斜めパネル　　横斜めパネル

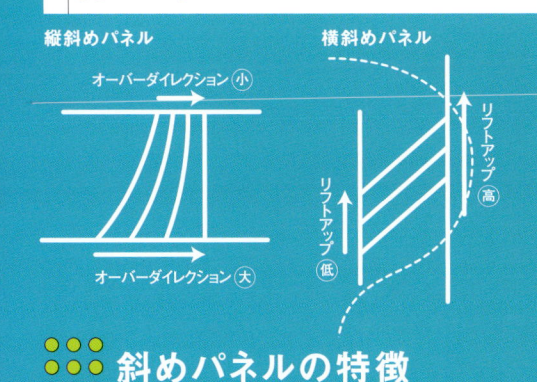

オーバーダイレクション（小）
リフトアップ（高）
リフトアップ（低）
オーバーダイレクション（大）

今回、横パネルと縦パネルの間をすべて斜めパネルとし、縦パネルに近い縦斜め（垂直より45度以内の傾斜角度）、横パネルに近い横斜め（水平より45度以内の傾斜角度）の2つに分けて考えている。

縦パネルが徐々に斜めになっていくことによって、下方にパネルが引かれる。その結果、縦の重なりがより重く変換されていく。横パネルから徐々に斜めにしていく場合、下方へパネルが引かれる距離が徐々に減少していくため、縦の重なりがより軽く変換されていく。

横斜めでカットする場合は、スライス線の上方が高くリフトされたことになり、上方のポイントが軽くなる。スライス線の下方がリフトが低いため、重くなる。縦から縦斜めでカットすると、パネルの上方が狭く、下方が広くなるため、パネルの下方にかかるオーバーダイレクションが大きくなる。よって、パネルの下側にさらに大きな長さが発生しやすい。

斜めパネルの特徴

横パネルボブ、縦パネルボブ、斜めパネルボブを比較してみよう

斜めパネルは、横パネルと縦パネルの間に位置するため、プロファイルライン（縦の重なり）やアウトライン（横の連続）に表れる特徴もその中間になる。ここではそれぞれの特徴をみてみよう

横パネルでカットしたボブ

横パネルではアウトラインを一次的にカットし、プロファイルが二次的に発生する。次にカットするパネルは、すべて下方に向かって引き出してカットするので、重さが発生する。アウトラインがシャープで、プロファイルが曖昧に重くなりやすい。

縦パネルでカットしたボブ

縦パネルではプロファイルを一次的にカットし、前後のオーバーダイレクションによって、二次的にアウトラインが発生する。そのためプロファイルがシャープに、アウトラインが曖昧になりやすい。

斜めパネルでカットしたボブ

斜めパネルでカットすると、プロファイルもアウトラインも、同時に発生してくる。その結果、プロファイルは縦よりも曖昧に、アウトラインは横よりも曖昧になる。

重さから軽さ、軽さから重さへの移行

斜めパネルのもう一つの大きな特徴として、スライス線を移行させることで、グラからレイヤー、レイヤーからグラへと縦の重なりを移行できるということが挙げられる。ここでは、2つのパターンをみてみよう。スライス線を移行できるということは、言い換えれば、パネルを引き出す方向性を自由にコントロールしやすいということであり、デザインのバリエーションを広げやすくなる。

横→縦に移行

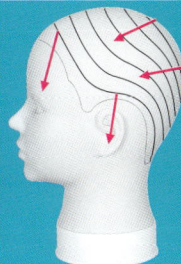

横斜めでスタートし、正中線に向かうにつれ、徐々にパネルを縦にしてカット。結果、横斜めの場所はグラデーションに、縦斜めにした正中線付近は下方にパネルを引く距離が減少し、レイヤーに近くなる。

縦→横に移行

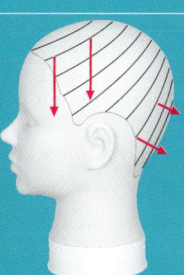

正中線から縦パネルでスタートし、フェースライン前方に向かって、徐々にスライス線を横斜めにしてカット。前方ほど下方へパネルが引かれるためグラデーション化し、その結果、後方がレイヤー、前方がグラデーションとプロファイルが変換されている。

その他　斜めパネルのメリット

斜めパネルの特徴として上記の他、右のようなことが挙げられる。

- 前後、上下にパネルを同時に引くため、長さと重さの微調節がしやすい。
- 傾斜角度の強いアウトラインをコントロールしやすい。
- ハエギワのえぐれに対応しやすい。
- 美容師側の身体の動きを考えた場合、姿勢が楽。

2セクションとレイヤーの
効果でボブを動かす

04 1セクション　ボブ（横→縦）
1section bob/horizontal→vertical

横パネルから縦パネルに変換する

ョン　横パネルボブ
bob/horizontal panel

グラデーションの
ベースに、レイヤーを複合する

03 1セクション　グラ＋レイヤー
1section bob/gra+layer

2 section

09 2セクション　ハイグラ・オン・グラ
（45度斜めパネル）
2section high gra on gra/45°diagonal panel

2セクションと斜めパネルを使って、
柔らかさのあるボブをつくる

横パネルでレイヤーをカットする

08 2セクション　セイムレイヤー・オン・レイヤー（横パネル）
2section same layer on layer/horizontal panel

05 2セクション レイヤーボブ
2section layer bob

カーブシェープと
オーバーラップ・グラについて

01 1セクション
斜めパネル前下がりボブ
1section bob/diagonal panel

斜めパネルで
ボブをカットしよう

1 section

00 1セクション
1section

06 2セクション　グラ・オン・グラ
（カーブシェープ＆オーバーラップグラ）
2section gra on gra/curveshape & overlap gra

ハエギワに沿った
斜めパネルを取ってみる

02 1セクション
斜めパネル前上がりグラデーション
1section gradation/diagonal panel

トップからのアプローチと
長距離のオーバーダイレクション

07 2セクション　レイヤー・オン・グラ
（長距離のオーバーダイレクション）
2section layer on gra/horizontal&diagonal panel

エレベーションの原理

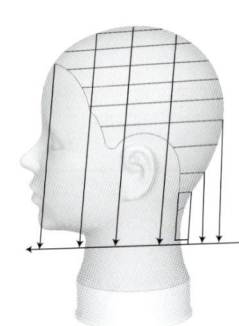

エレベーションとは、次に切るパネルをガイドと共にリフトアップし、
横パネルに軽さを与えるテクニック。ここではエレベーションについて説明していく

エレベーションについて

ここではやや感覚的とされてきたエレベーションの原理を、サークルAと関連づけてトレーニングするためにオーバーダイレクションの視点で解説する。横パネルでは、最下部のアウトラインを構成するパネルを最初にカットし、そのパネルの上部の長さをガイドとして、次にカットするパネルと同時にリフトしカットする。これは表現を換えると、ガイドとなる長さをリフトアップし、そのポイントに次のパネルをオーバーダイレクトして、カットしているということになる。つまり、縦パネルにおける前後のオーバーダイレクションと、横パネルにおけるエレベーションは、短い方（ショートポイント）に引いてカットするという基本的な考え方において同様になり、エレベーションは上下のオーバーダイレクションと解釈できる。

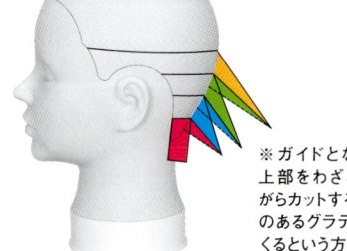

※ガイドとなるパネルの上部をわざとやや削りながらカットすることで、丸みのあるグラデーションをつくるという方法もある。

エレベーションしない場合

ダウンシェープでカットするワンレングスやグラデーションを、オーバーダイレクションの視点で再解釈してみた。最初に習うこれらのベーシックも、ガイド線上にすべての髪をオーバーダイレクトしてカットしているということがわかる。ガイドの位置とそれに基づくパネルを引き出す方向性の違いが、フォルムをどう変化させるか見てみよう。

ワンレングス

ワンレングスをオーバーダイレクションの視点で観察すると、最初にアウトラインを床と平行に全くリフトせずにカットし、そのライン上にすべての髪をオーバーダイレクトしているということになる。その結果、トップが非常に長くなる。

前上がり30度

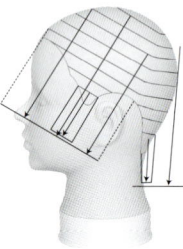

フェースラインからサイドにかけて30度の斜めスライス線を設定し、スライス線に対し垂直に引き出して、スライス線に平行にカット。すべてをそのライン上にオーバーダイレクトする。その結果、ダウンシェープした際には前上がりのラインになり、若干のグラデーションが発生する。

前上がり45度

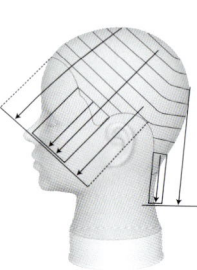

フェースラインからサイドにかけて、45度の斜めスライス線を設定し、スライス線に対し垂直に引き出し、スライス線に平行にカット。すべてそのライン上にオーバーダイレクトする。その結果、ダウンシェープした際には急な前上がりのラインになり、30度の時よりもレイヤーに近い軽いグラデーションが発生する。

エレベーション1（ローグラデーション）

エレベーションでカットする場合、指1本、指2本、指3本という表現をする。
指1本が15度、指2本が30度、指3本が45度のリフトアップと定義される場合もある。その状態をもう少し細かく観察してみよう

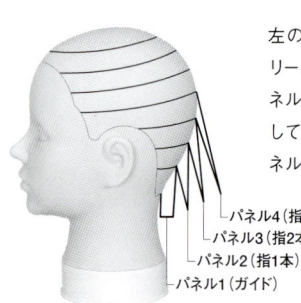

左のウイッグを例にとると、一番下のパネルをフリーハンド、2枚目のパネルを指1本、3枚目のパネルを指2本、4枚目を指3本のポイントにリフトしてカットしたもの。これを詳しく解説すると、パネル1を指1本分リフトした高さに、パネル2を引いて（オーバーダイレクトさせて）カットしている。パネル2を指2本分リフトした高さに、パネル3を引いてカットしている。パネル3を指3本分リフトした高さにパネル4を引いてカットしているということになる。

- パネル4（指3本）
- パネル3（指2本）
- パネル2（指1本）
- パネル1（ガイド）

Modern Cut Manual

エレベーション2（ハイエレベーション）

横パネルでカットする際に、指1本～3本のエレベーションだけだと軽い現代のスタイルに対応しにくい。少なくともハチより上の部分にはハイエレベーション（高いリフトによりカットする方法）が必要になるケースが多い。以下ではハイエレベーションを使いこなしていくための比較実験をしてみた。わずかなパネルの引き出し方の違いで、こんなにも最終的なフォルムが変わるということに注目してみよう。

01 一つ下のパネルの一番下のポイントにオーバーダイレクト

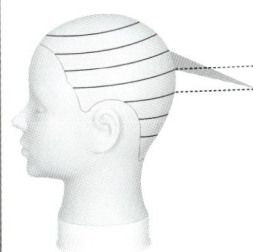

一つ下のパネルをオンベースにリフトした際の一番下のポイントに、ガイドと次に切るパネルを引いてカット。全体のプロファイルに軽いグラデーション＝ハイグラデーションが生まれる。

02 一つ下のパネルの中央のポイントにオーバーダイレクト

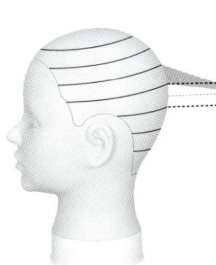

一つ下のパネルをオンベースにリフトした際の中央のポイントに、ガイドと次に切るパネルを引いてカット。01に比べてさらに軽い、レイヤーに近いハイグラデーションになる。

03 オンベースでカット

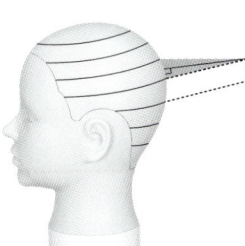

すべてのパネルを、一つ下のパネルをガイドにオンベースでカット。プロファイル上にセイムレイヤーが発生する。縦のセイムレイヤーと構造的には同じだが、横でカットしたものの方が横の連続が強く接続し、縦の接続がややあいまいになる。その結果、縦で狙ったものと比べるとニュアンス的に重い印象になる。

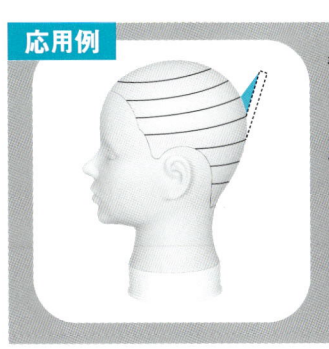

応用例

横パネルで下からカットしていく場合、安定したエレベーションを行えるのは、ガイドの、上のパネルの中央への移動を最大と考えること。それ以上のガイドの移動は、長い髪をガイドに次に切るパネルをより短くカットすることになり、コントロールが不安定になるので、特別なケースでない限り行わない方がよい。（ガイドを極端に大きく移動させないということは、縦の考え方も同様である）。理論上は、図のようにガイドを大きく移動させてカットするとレイヤー～ハイレイヤーが発生する。

リフトアップの高さと縦の重なり

横パネルでリフトアップしてカットする際に発生する、縦の重なりの状態を見てみよう。
横パネルは横のつながりを第一にカットしているが、リフトを操作することによって、同時に縦の重なりをつくっていることがわかる

01 フリーハンド

フリーハンドで、コームでテンションをかけずに髪を押さえ、肌の上でカット。縦の重なりを見てみると、ヘビーグラデーションになっている。

02 指2本

指2本分の高さにリフトしてカットした場合、縦の重なりを見てみると、やや軽いローグラデーションになっている。

04 オンベース

オンベースにリフトしてカットした場合、縦の重なりはセイムレイヤーになっている。リフトするほど軽いレイヤーになることがわかる。

Design Circle-B
00 | 1 section bob/horizontal panel

horizontal

1セクション 横パネルボブ
1section bob/horizontal panel

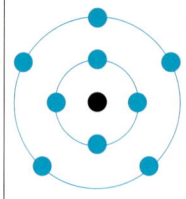

Design Circle-B
B00

ネープ周辺は指1〜3本の重いグラデーション。
スタイルの上方はハイエレベーション（高いポイントへのリフト）を使って、
横パネルで軽いグラデーションをつくる。
スライスに対し、常に一定のリフトを維持してカットするため、
全体に均等なグラデーションがほどこされる

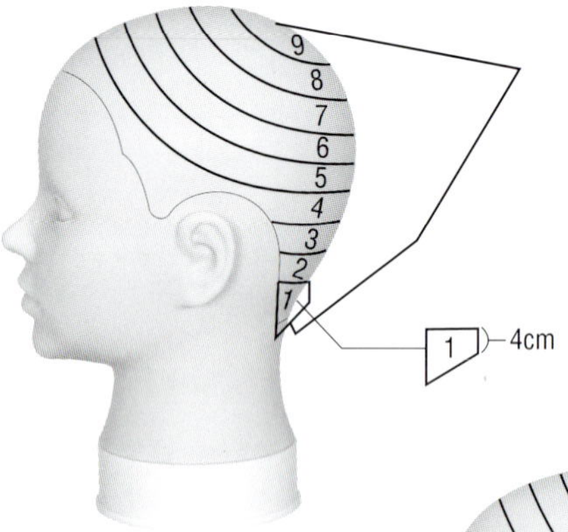

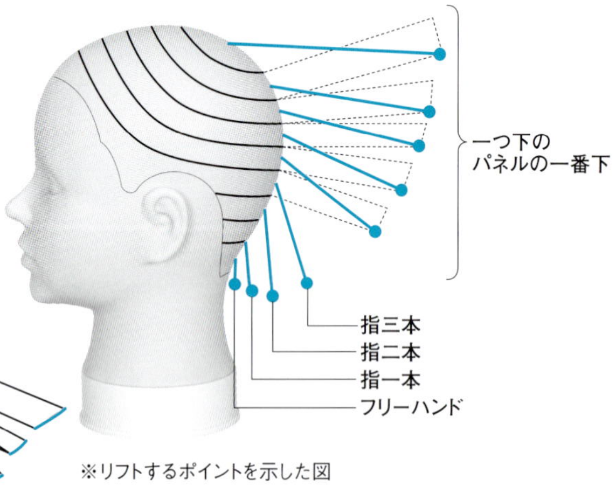

1 — 4cm

一つ下のパネルの一番下

指三本
指二本
指一本
フリーハンド

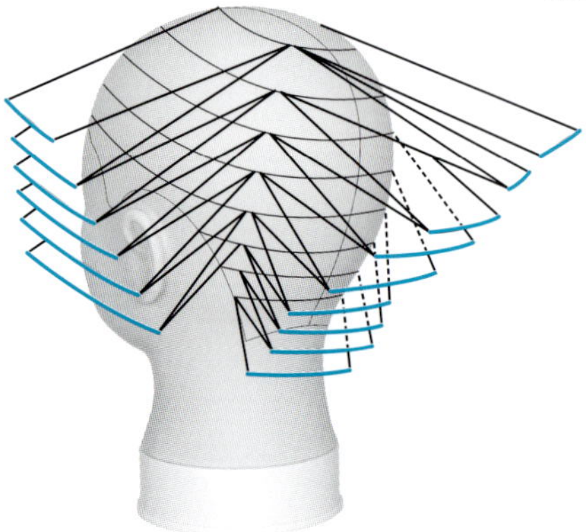

※リフトするポイントを示した図

01
パネル図。横パネルの基本形。サイドからフロントまでをつなぐように取っているのは、サイドからフロントにかけてのアウトラインのグラを美しくつなげるため。

02
パネル1をフリーハンドで、やや前下がりにカット。スライス線に垂直にパネルを引き出し、カットしていく。

06
耳周りは、ハエギワの形でえぐれやすいので、このポイントのみやや後ろにパネルを引いて、長さを残すようにカットする。

07
このポイントから再びスライス線に対して垂直に引き出す。そのままフロントに切り進む。

11
常にガイドとなる一つ下のパネルをオンベースにリフトした際の下側のポイントに引いてカットしていく。トップまで切り進む。

12
コーナーを削る。パネルを垂直に引き出しカット。イア・トゥ・イアより後ろは放射状に、前は、前方に長さを残すためイア・トゥ・イアにすべて引いてカット。

068 Modern Cut Manual

Modern Cut Manual　Design Circle-B　1section bob/horizontal panel

1section

03
パネル1をガイドに、パネル2を指1本分の高さにリフトしてカット。

04
パネル2をガイドに、パネル3を指2本分の高さにリフトしてカット。

05
パネル3をガイドに、パネル4を指3本分の高さにリフトしてカット。そのままのリフトの角度を維持して、前方に切り進んでいく。

>>>　>>>　>>>

08
パネル5より上はすべて、一つ下のパネルをオンベースで引き出したときの下側のポイントにリフトしてカットする。つまりこれは、

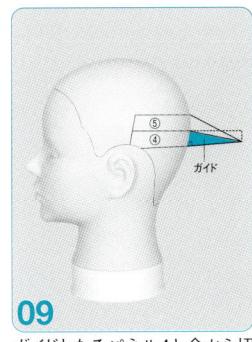

09
ガイドとなるパネル4と今から切るパネル5を一緒に引き出し、4をオンベースの高さにリフトした際の一番下のポイントを狙って、5を引いてカットするということ。

10
そのままのパネルの角度で切り進む。06の上のポイントは、06同様やや後ろに引いてカットすること。そうしないとグラがディスコネクトされるため。

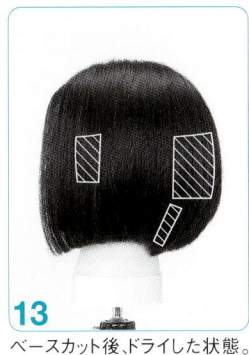

>>>　>>>　>>>

13
ベースカット後、ドライした状態。ハチ下の後方（BCD6〜8）、もみあげの上（BC1）、みつえり付近に量感が出ている。

14
量感が出ているところに、インナーレイヤーを入れる。

15
全体の毛先に浅めのポイントカットを入れ、仕上げる。

>>>　>>>　>>>

ESSENTIAL 12
グラデーションの重さとフォルム

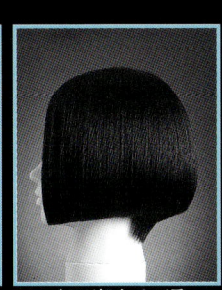

00／下が重く、上が軽い　　VerI／下が軽く、上が重い

00はネープ付近が重いグラデーション、上部が軽いグラデーションで構成されているため、下部が重く、上部に自然な丸みが生まれる。それに対し、VerIは下を軽いグラデーション、上を重いグラデーションでカットしたもの。ネープは非常にタイトで、軽いグラデーションと重いグラデーションが切り替わるポイントに強烈なウエイト＝ステップが生まれる。

069

Design Circle-B
01 | 1section bob/diagonal panel

attitude

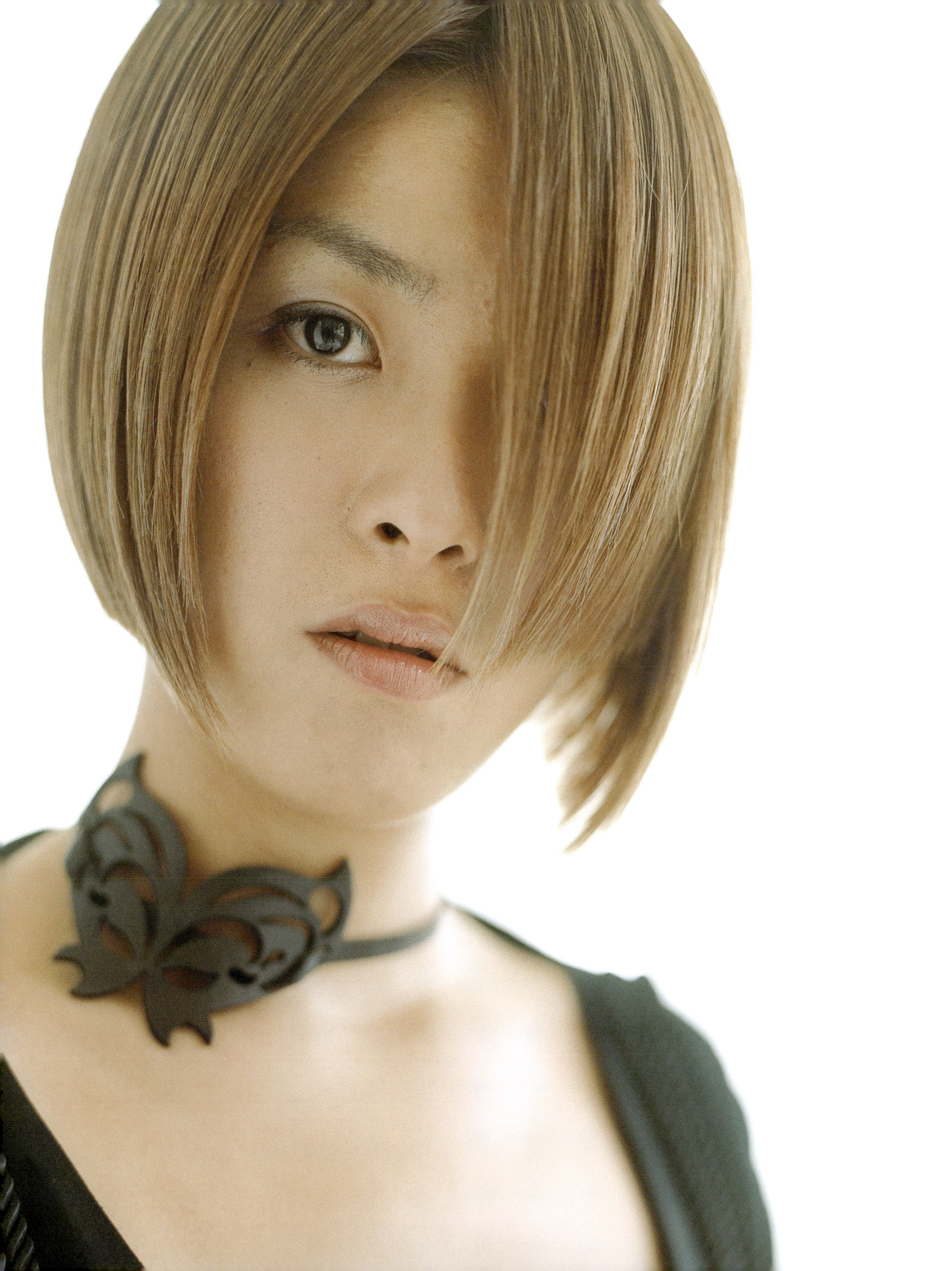

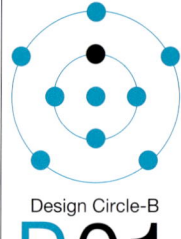

1セクション 斜めパネル前下がりボブ
1section bob/diagonal panel

Design Circle-B B01

後方は斜めに、前方は横にスライス線を取っているため、
後方ほど軽く、前方ほど重いグラデーションになっていく。
リフトも、後方ほど高く、前方ほど低くすることによって、
より後ろが軽く、前が重いボブになっている

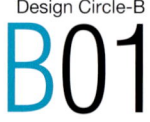

---

01 パネル図。後ろは斜めに、フェースラインに近づくにつれ、横にスライスを取る。

02 パネル1をフリーハンドで、やや前下がりにカット。

06 パネル5のバックは指3本分の高さでカット。

07 サイドに進むにつれて、リフトダウンしていく。

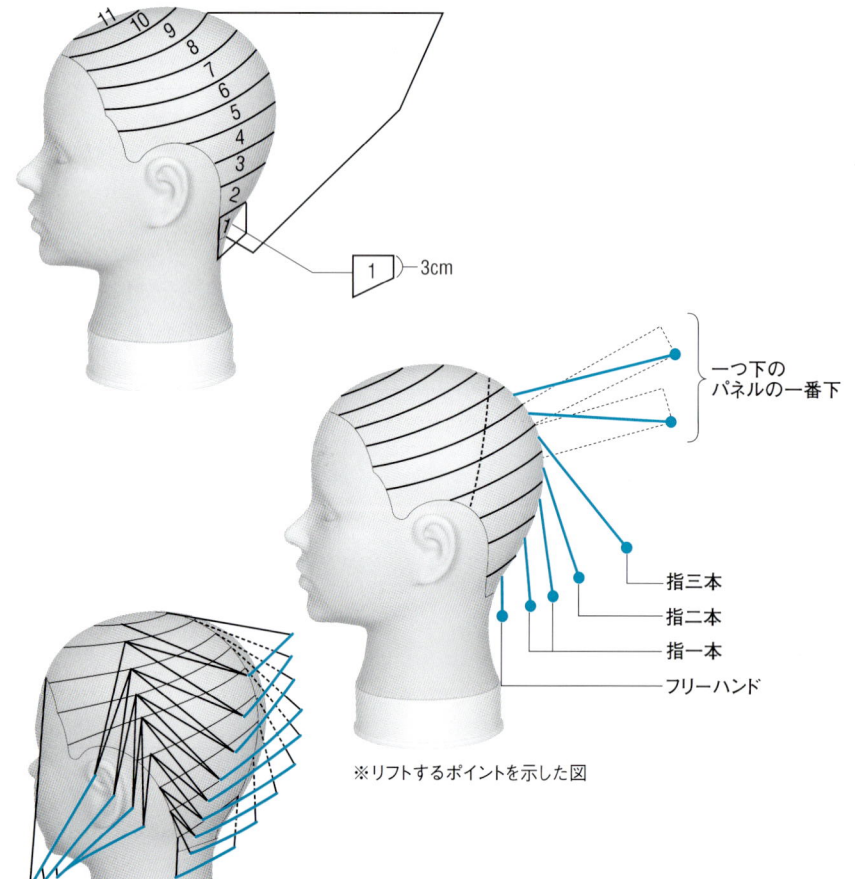

11 パネル6以降、常にガイドとなる一つ下のパネルをオンベースでリフトした際の下側のポイントに引いてカットしていく。

12 すべて前方にいくにつれ、徐々にリフトダウンし、もみあげのポイントより前は指1本分の高さでカットする。

---

1 — 3cm

一つ下のパネルの一番下

指三本
指二本
指一本
フリーハンド

※リフトするポイントを示した図

072 Modern Cut Manual

Modern Cut Manual | Design Circle-B | 1section bob/diagonal panel

1section

03
パネル1をガイドに、パネル2を指1本の高さでカットする。常にスライス線に垂直にパネルを引き出す。

04
パネル2をガイドに、パネル3も指1本の高さでカット。

05
パネル4は、指2本の高さでカット。斜めスライスに垂直に引き出しているので、バックが高くリフトされ、耳後ろのリフトが低いのがわかる。

08
もみあげの位置で指1本の高さになるように徐々にリフトダウンしていく。

09
パネル6は、一つ下のパネルをオンベースで引き出した際の下のポイントにリフトして、カットする。

10
パネル5同様、前方にいくにつれ、リフトダウンして、もみあげのポイントで指1本の高さになるようにする。

13
トップのコーナーを落とす。すべてバックの正中線上に引いてカットする。

14
ハチの前方（ABC0〜3）、耳後ろ（CD5,6）にインナーレイヤー、ネープ（EF6）にルーツセニングを入れ、量感を削る。

15
全体の毛先にポイントカットを浅めに入れ、仕上げる。

ESSENTIAL 13
斜めパネルの効果

スライス線が高い位置に設定される後方は、グラデーションが軽くなりやすく、スライス線が下方に設定される前方は重くなりやすい。01ではその効果を利用し、後方が軽く、徐々に前方に向かってグラデーションが重くなるボブになっている。その結果、00よりもシャープな印象。またこのように前下がりにパネルを取るメリットとして上記の他、前下がりのアウトラインが切りやすいこと、耳後ろのえぐれが目立ちにくいこと、などが挙げられる。

斜めパネルボブのバリエーション

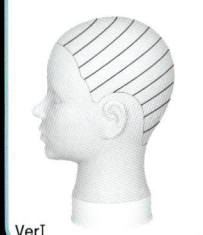

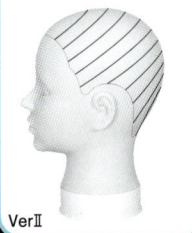

VerI  / VerII

VerIは前方まですべて斜めスライスで展開した。結果01と比較して、前方がより長く、軽くなる。VerIIはさらにVerIのネープを縦スライスでカットした。その結果、ネープが縦長になり、バックのフォルムがフラットになっている。

Design Circle-B

02 | 1 section gradation/diagonal panel

Curve   to

Curve

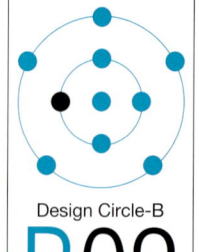

Design Circle-B
B02

1セクション 斜めパネルグラデーション
1section gradation/diagonal panel

前方から後方に向かって、ハエギワの形に対応した前上がりの斜めスライスでカットする。
バックは正中線に近づくにつれ、スライス線が縦ぎみになることで、
重くなりすぎることを防いでいる。
また、バックのスライス線を交差させてカットしているのは、
後頭部に適度な重さと丸さを与えるため

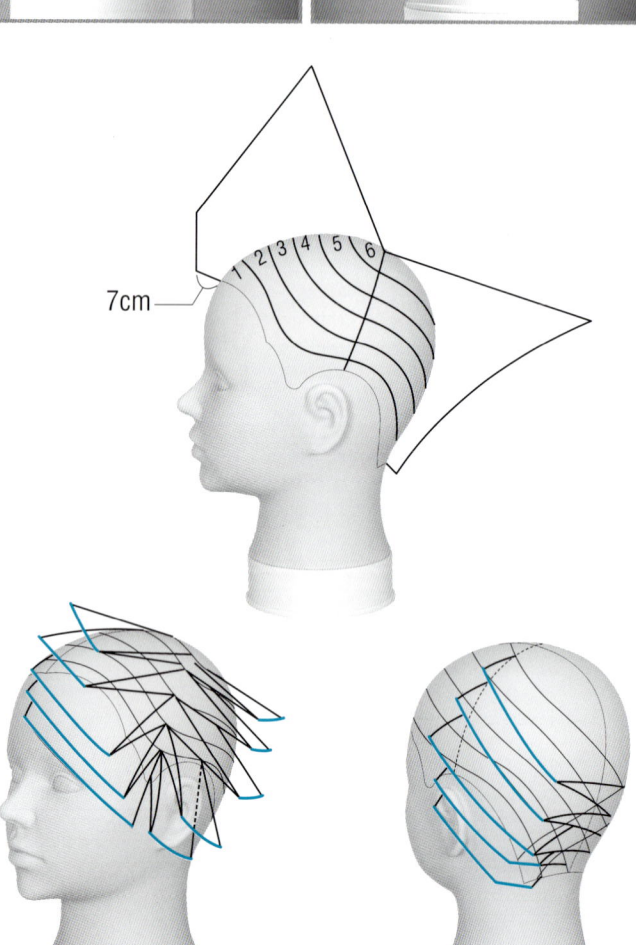

7cm

01
パネル図。ハエギワの形に合わせた後ろ下がりの横斜めパネル。バックは正中線にいくにつれて、縦斜めになる。

02
フェースラインからカット。指1本の高さでカット。スライス線に対して、垂直に引き出していく。後方が長くなるように、前上がりのラインでカット。

>>> >>>

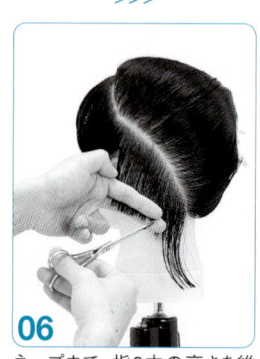

06
ネープまで、指2本の高さを維持して、同様にカットしていく。

07
パネル3から、一つ下のパネルをオンベースで引き出した際の下側のポイントに引き出してカット。

>>> >>>

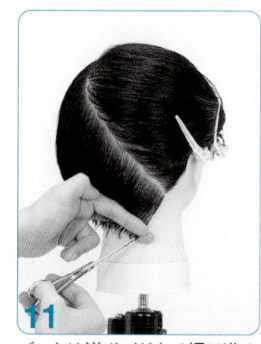

11
バックは逆サイドまで切り進んでいく。

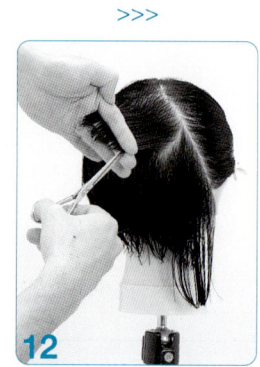

12
最終スライスに近づくにつれ、後方は縦に近づいていく。スライスが縦ぎみになるので、後方がやや軽くなっていく。

>>> >>>

076 Modern Cut Manual

Modern Cut Manual　Design Circle-B　1section gradation/diagonal panel

1section

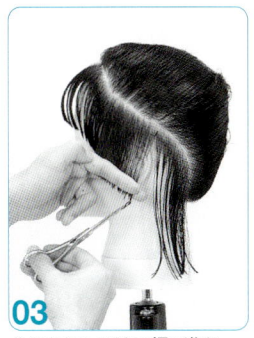

03
そのままサイドまで切り進む。

04
ネープは耳後ろよりも短く切り込み、フォルムに締まりを与える。

05
パネル2は、指2本の高さでカット。

08
ネープまで同様のリフトを維持してカットしていく。

09
パネル4以降も、パネルごとに、一つ下のパネルをオンベースで引き出した際の下側のポイントに引き出してカットしていく。

10
一つのスライスは、すべて同じリフトを維持してカットしていく。

13
逆サイドも同様にカットしていく。左サイドと右サイドのラインがクロスするようにカット。正中線上に適度な丸さと重さが生まれる。

14
トップのコーナーを落とす。パネルを垂直に引き出し、放射状に展開する。

15
ハチ上の後方（AB4～8）ハチ下の後方（CD5～8）にインナーレイヤー、ネープ（EF6）にルーツセニングを入れ、量感を削る。

ESSENTIAL 14
様々なパネルの組み合わせ

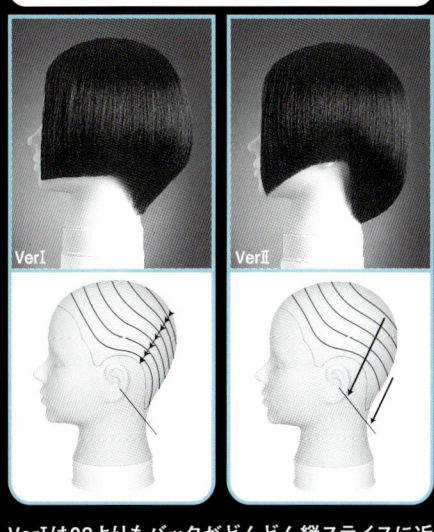

VerⅠ／VerⅡ

VerⅠは02よりもバックがどんどん縦スライスに近づいている。その結果、バックが軽くなっている。VerⅡは、バックの正中線からすべてのパネルをアウトラインにオーバーダイレクトしているので、正中線上がかなり重くなっている。このようにスライス線の引き方や、オーバーダイレクションの違いで、フォルムは大きく変化する。また、イア・トゥ・イアより前方のデザインはショートポイントの位置を変化させることで、バリエーションをつくっている。

Design Circle-B
03 | 1 section bob/gra+layer

private time

Design Circle-B
B03

1セクション グラ＋レイヤー
1section bob/gra+layer

初めに横パネルでグラデーションをカットし、
その後、ハチ上に縦パネルでレイヤーを加えていく。
重いグラデーションのフォルムをベースに、レイヤーで軽さと動きのアクセントを与えた。
レイヤーを加えたことによりウエイトは下がり、フォルムはやや フラットになる

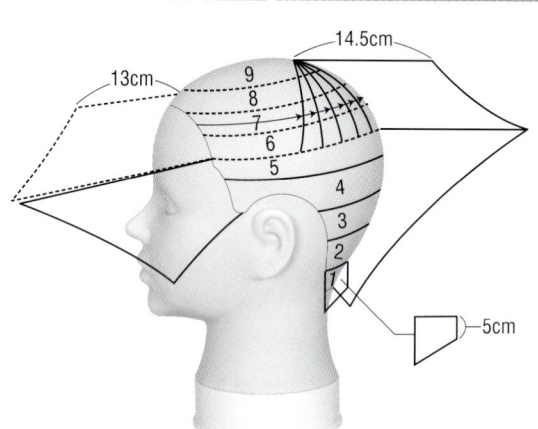

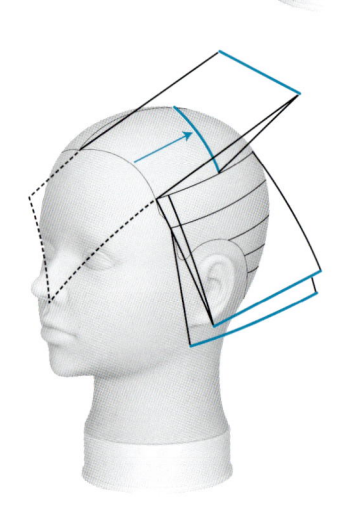

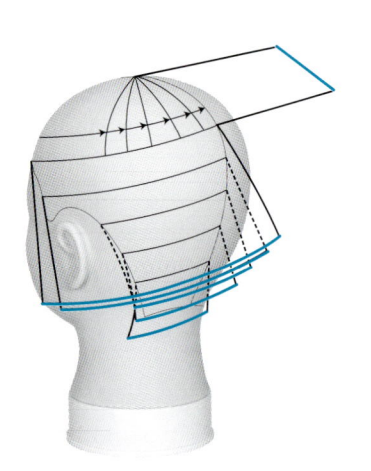

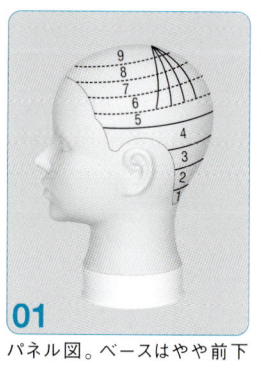

01
パネル図。ベースはやや前下がりの横パネルで取る。トップは縦パネルでレイヤーをプラス。

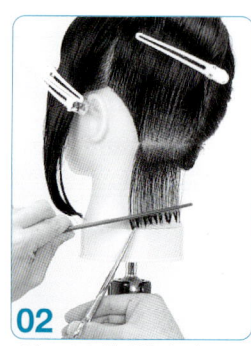

02
パネル1のガイドをカット。フリーハンドでやや前下がりに。

06
そのままのリフトの角度を維持してサイドまで切り進む。

07
パネル5以降は、すべてパネル4をカットしたポイントと、同じポイントに引き出してカット。結果、上方に重いグラが発生する。

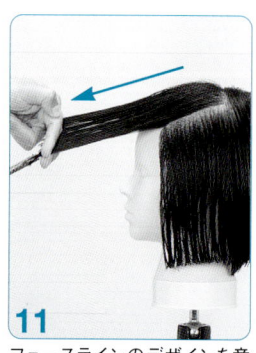

11
フェースラインのデザインを意識し、前方から切り返す。フェースラインにガイドを設定し、そのポイントに引き出せるところまですべて引き出してカット。

12
トップのコーナーを落とす。パネルを垂直に引き出し、イア・トゥ・イアより後ろは放射状に、前は、前方に長さを残すためイア・トゥ・イアまで引いてカットする。

080　Modern Cut Manual

Modern Cut Manual | Design Circle-B | 1section bob/gra+layer

1section

03 パネル2を指1本の高さでカット。

04 パネル3を指2本の高さでカット。

05 パネル4を指3本の高さでカット。

08 ハチ上の位置まで、レイヤーを入れる。正中線にレイヤーガイドを設定。下とつなげてカット。

09 イア・トゥ・イアまで一つ後ろに引いてカット。

10 イア・トゥ・イアより前は、すべてイア・トゥ・イアに引いてカット。

13 このようにグラとレイヤーの切り変わるところにコーナー（＝ウエイト）が発生する。

14 耳上のセクションの前方（CD1～5）にインナーレイヤーを入れ、量感を削る。

15 オーバーセクションにサイドセニング、その他毛先にポイントカットを浅めに入れ、毛先の動きを補助する。

ESSENTIAL 15
バックのウエイト位置に注目しよう

ワンレングスにグラデーションが入ると、徐々にウエイトの位置が上がっていく。そのグラデーションの表面にレイヤーを加えると、レイヤーとグラのぶつかるところにコーナーが発生し、その結果フラットになりながらウエイト位置が下がっていく。このコーナーを削ると、スタイルは丸くなる。

VerI／ワンレングス 　　VerII／グラデーション

VerIII／＋表面にレイヤー（小） 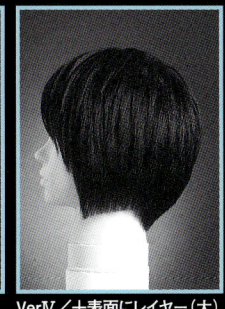　　VerIV／＋表面にレイヤー（大）

081

Design Circle-B

04 | 1 section bob/horizontal→vertical

Va

Design Circle-B
B04

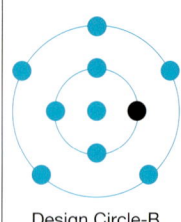

1セクション ボブ（横→縦）
1section bob/horizontal→vertical

横パネルからスタートし、斜めを通過しながら、
前方に向かってスライス線が縦になっていく。
その結果、スタートラインのネープ付近はグラに、徐々に軽いグラになりながら、
フロントに近づくにつれてレイヤーに移行される

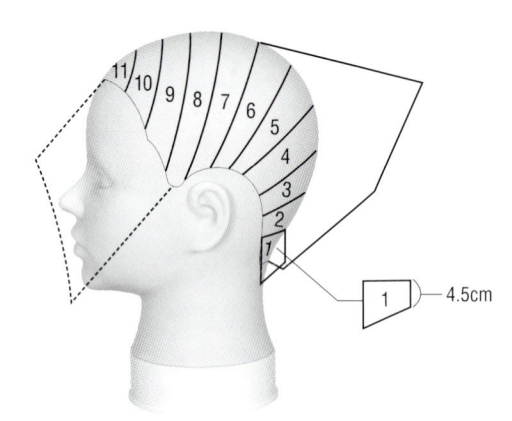

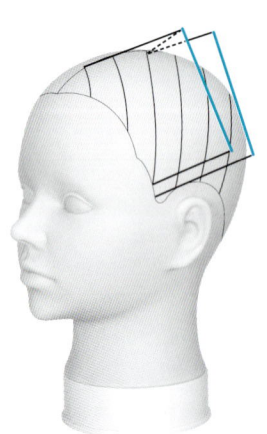

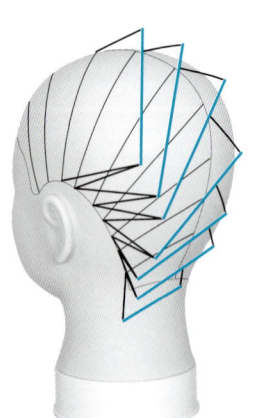

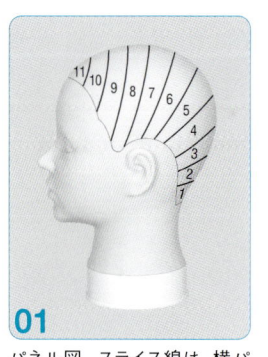

01 パネル図。スライス線は、横パネルから横斜め、縦斜め、縦へと変換されていく。

02 パネル1を指1本の高さで前下がりにカット。

\>>>　　\>>>

07 以後、すべて05と同様のパネルの引き出し方でカットしていく。常にパネルをスライス線に垂直に引き出すこと。

08 パネル5以降パネルが縦になってくる＝縦の重なりが、徐々にレイヤーに変換されていく。

\>>>　　\>>>

1 — 4.5cm

Modern Cut Manual

Modern Cut Manual　Design Circle-B　1section bob/ horizontal→vertical

1section

03
パネル2は、指2本の高さでカット。

04
パネル3は指3本の高さでカット。徐々にスライス線を斜めにしていく。

05
パネル4から、一つ下のパネルをオンベースで引き出した際の下側のポイントにリフトしてカットする。

06
そのままのパネルの角度でサイドまでカットする。常にスライス線に垂直にパネルを引き出すこと。

09
そのまま切り進む。

10
フロント（パネル9、10、11）はパネル8にオーバーダイレクトする。これはフロントのえぐれが出ないようにするため。

11
フェースラインのデザインを意識し、前方からレイヤーで切り返す。

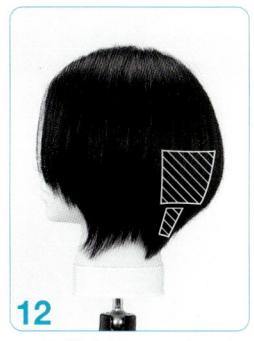

12
ハチ下後方（CD5～8）にインナーレイヤー、トップすべてと、前方（AB03～4、CD0～4）にサイドセニングを入れる。毛先にポイントカットを浅めに入れる。

ESSENTIAL 16

パネルの移行（横→縦、縦→横）

04はバックのアウトラインに横パネルで前下がりのガイドを設定し、前方に向かって、徐々に縦に移行。その結果、バックはグラデーション、フェースライン付近の終末点は、レイヤーになっている。VerIは反対にパネルを展開。バックのプロファイル上に縦でレイヤーガイドを設定し、前方に向かって横斜めパネルに移行。後方はレイヤー、前方は下へパネルが引かれることで、グラデーションになっている。スライスの角度を移行させていくことで、グラからレイヤー、レイヤーからグラへと変化させることができる。

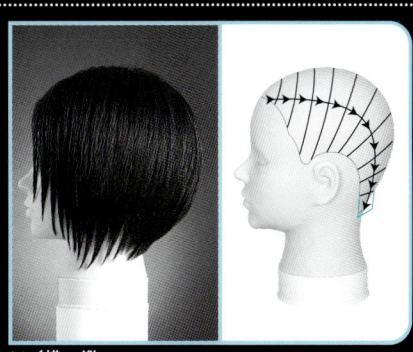

04／横→縦

VerI／縦→横

Design Circle-B
05 | 2section layer bob

ONE DAY

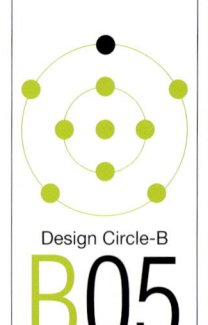

Design Circle-B

B05

2セクション レイヤーボブ
2section layer bob

ベースとなるパネル展開は、スライス線が縦→縦斜めに変換されることにより、
バックは軽く、前方に向かってやや重くなる前下がりボブに。
また2セクションであることと、トップのレイヤーの効果で、
オーバーセクションに大きな動きと軽い質感が生まれる。
前下がりボブのイメージを保ちながら、軽さと動きを併せ持ったボブ

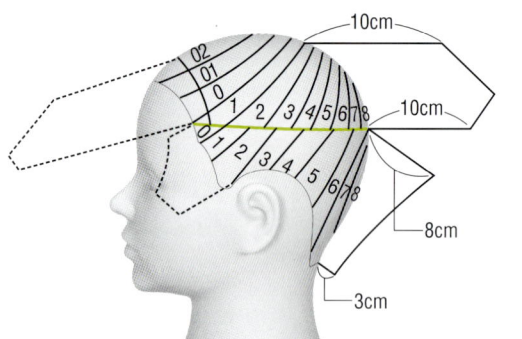

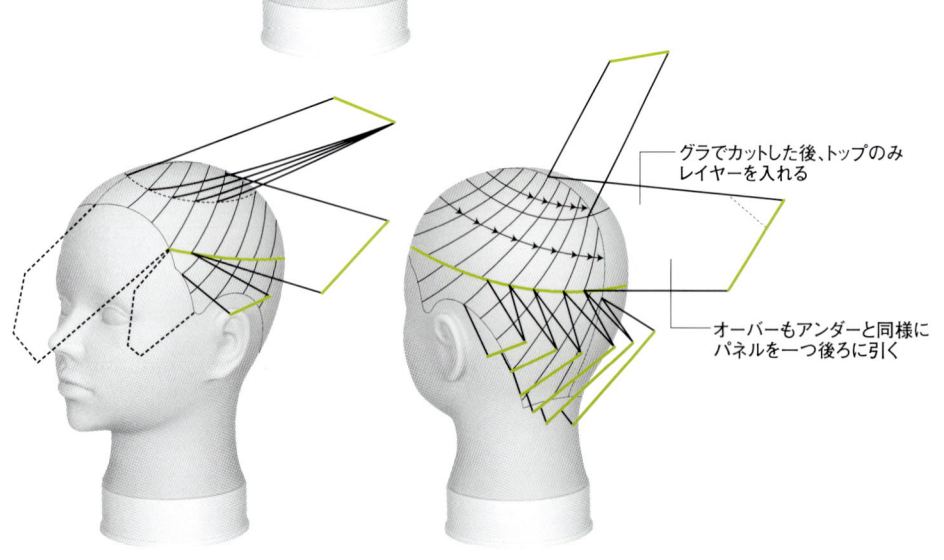

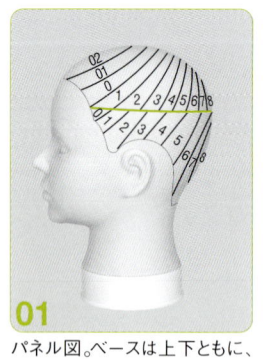

01 パネル図。ベースは上下ともに、縦から縦斜めに変換される。

02 アンダーからカット。正中線（パネル8）にハイグラデーションでガイドを設定。

06 オーバーをカット。正中線（パネル8）に、ハイグラデーションでガイドを設定。下とつなげてカットする。

07 パネルを一つ後ろに引いてカットしていく。

グラでカットした後、トップのみレイヤーを入れる

オーバーもアンダーと同様にパネルを一つ後ろに引く

11 イア・トゥ・イアより前はすべてイア・トゥ・イアの位置に引いてカットする。

12 フェースラインのデザインを意識し、前方から切り返す。フェースラインにガイドを設定後、引き出せるところまで同じポイントに引き出してカット。

088 Modern Cut Manual

Modern Cut Manual　　Design Circle-B　　2section layer bob

2section

03
すべて一つ後ろのパネルに引いてカットする。

04
サイドに進むにつれ、スライス線を少しだけ斜めに移行する。下方に向かってパネルが引かれることになり、その結果スタートしたときより重いグラになる。

05
前方から切り返す。フェースラインにガイドを設定した後、引き出せるところまですべて同じポイントに引き出してカット。

08
サイドは徐々にスライス線が斜めになっていく。その結果、スタートしたときより重いグラに変換されていく。

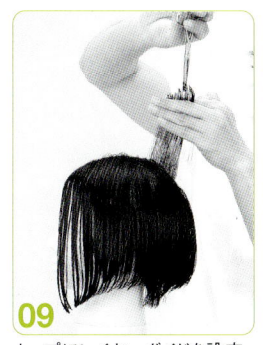

09
トップにレイヤーガイドを設定。ややパネルを上げ気味にしてカット。

10
イア・トゥ・イアまですべて一つ後ろに引いてカット。

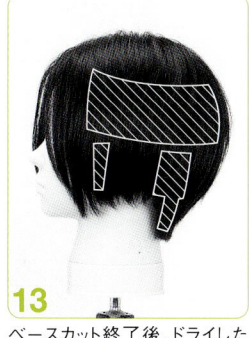

13
ベースカット終了後、ドライした状態。ハチ上（AB0〜8）、もみあげ（CD1）、耳後ろ（CD5,6）、ネープ（EF6）に量感が出ている。

14
ネープにルーツセニングを、それ以外にはインナーレイヤーを入れ、量感を削る。

15
オーバーセクションすべてにサイドセニングを入れる。さらにトップにはアンダーセニングを入れ、動きを補助する。

ESSENTIAL 17
グラにレイヤーを入れる際の2つのポイント

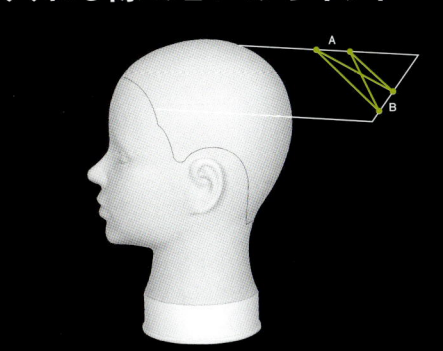

グラにレイヤーを入れる際には2つポイントがある。ポイントAは動きと軽さ、Bは主にフォルムをつくるポイントになる。A上の長さが短くなればなるほど、大きな軽さと動きが生まれる。B上のレイヤーが深くなればなるほどフラットになり、ウエイトの位置が下がる。

質感とフォルムは同時に変わる

VerⅠ／グラデーション 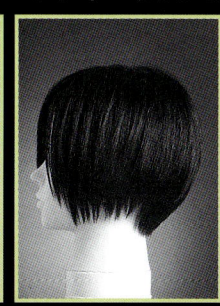　　VerⅡ／グラ＋レイヤー（少量）

VerⅢ／グラ＋レイヤー（大量）

VerⅠはすべてグラデーションでカットされている、静的な面のスタイル。フォルムは横に長い。VerⅡ、Ⅲのようにレイヤーが入るほど、徐々に動的で立体的な束感が生まれる。また同時にフォルムはフラットになり、縦長感が強調される。このようにレイヤーの入り方によって、フォルムと質感は同時に変わってくる。

089

Design Circle-B
06 | 2section gra on gra/curveshape & overlap gra

Parts and Complex

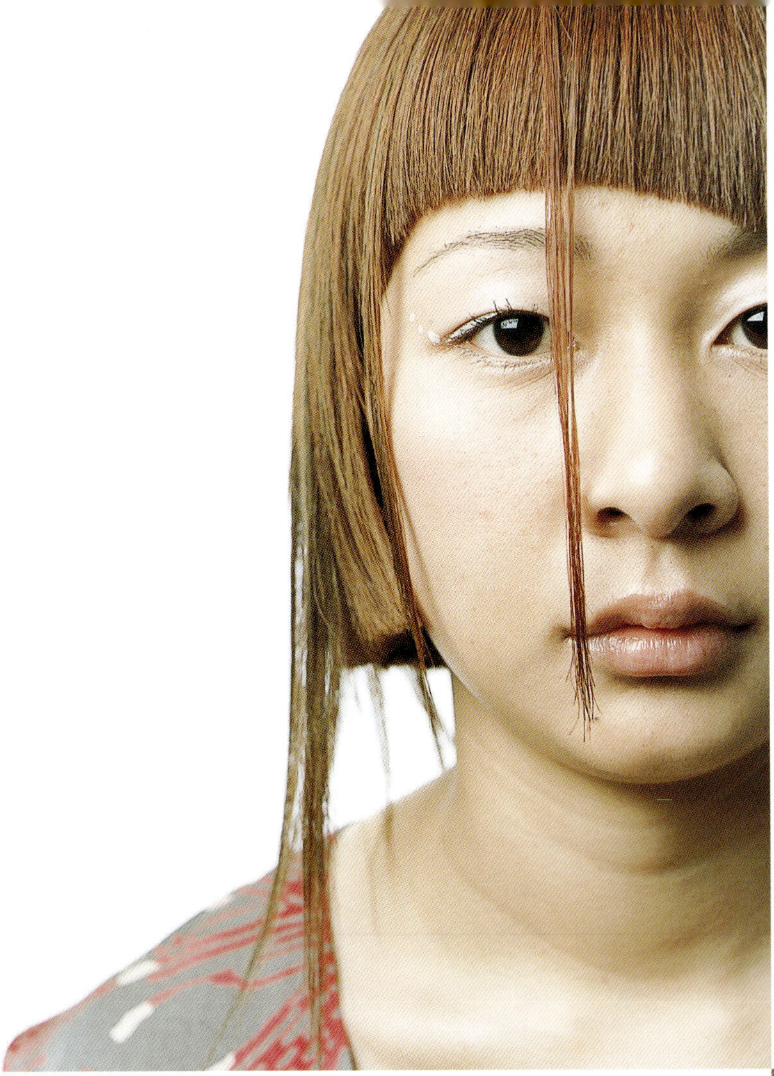
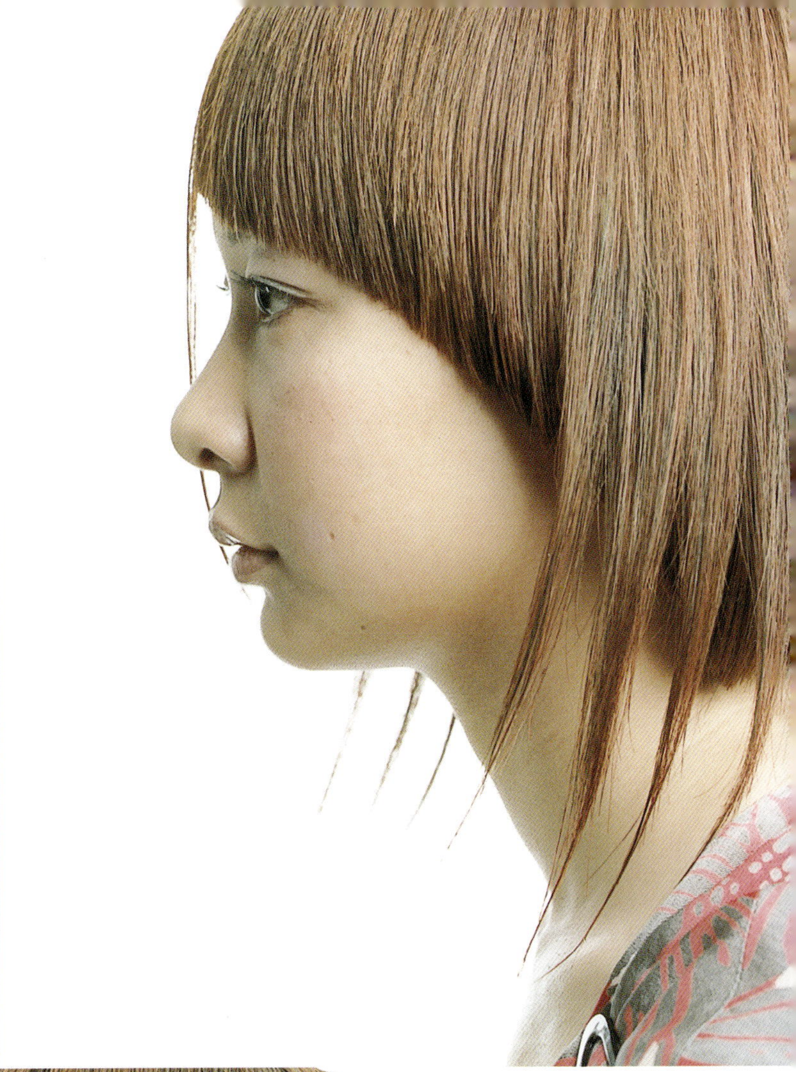
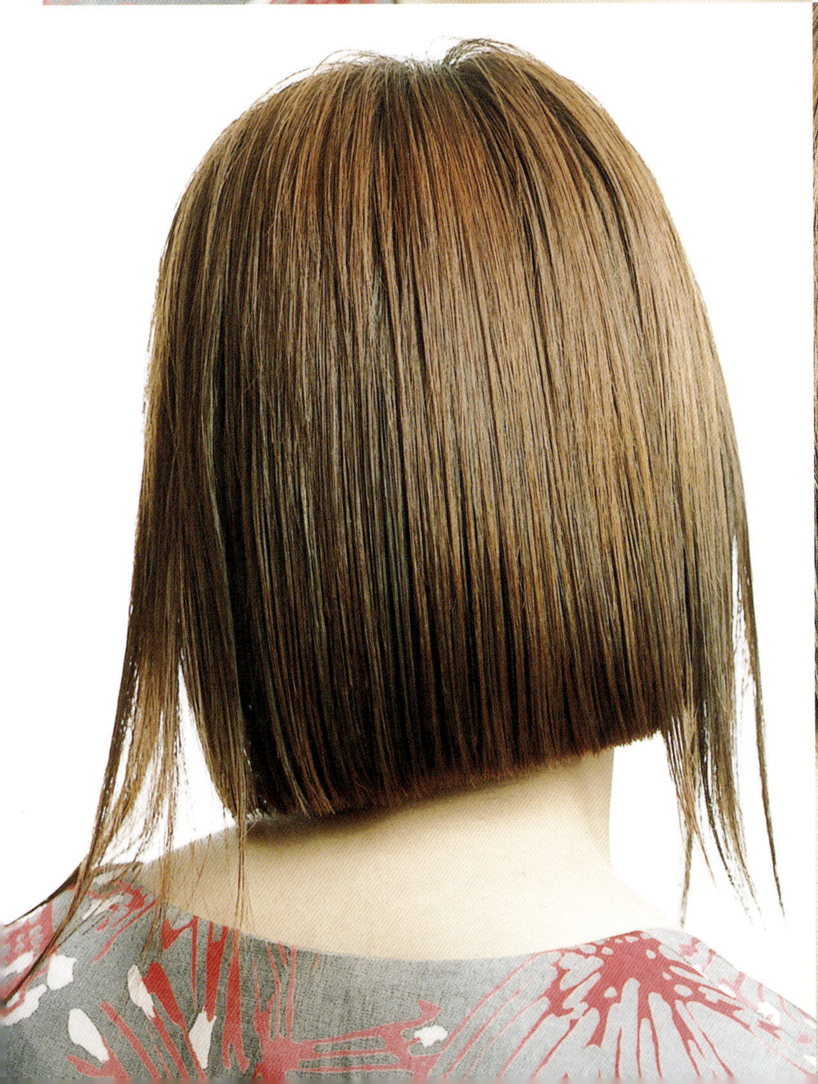
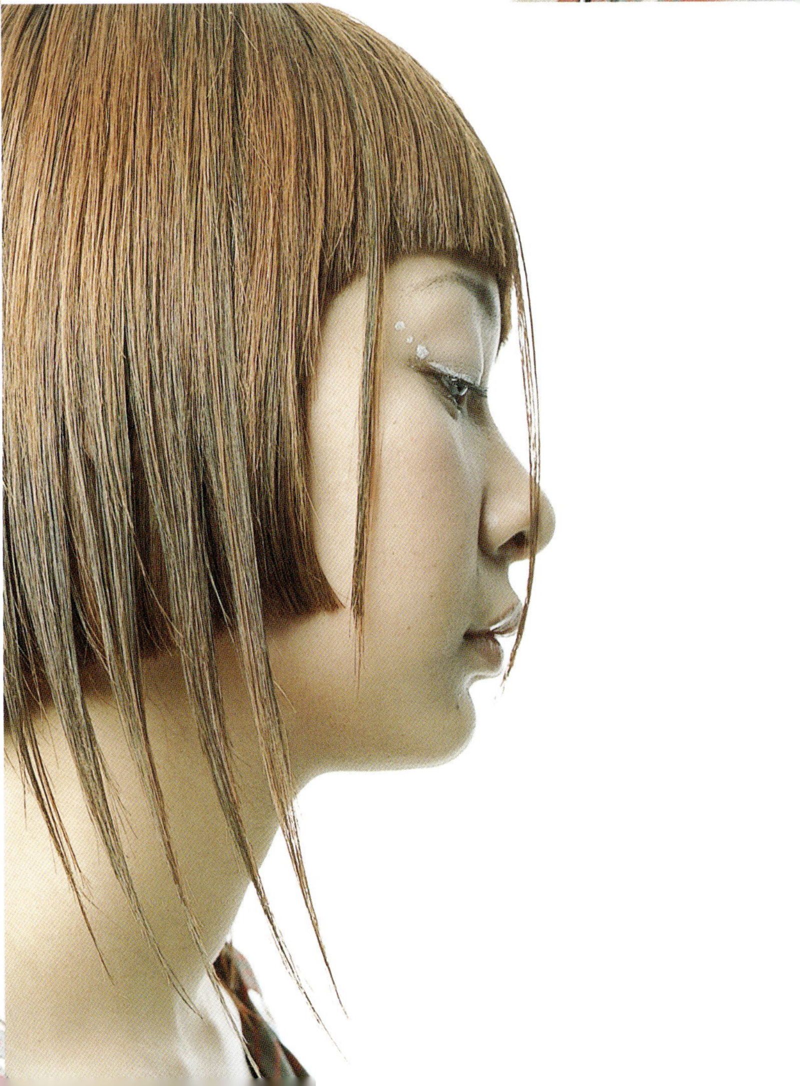

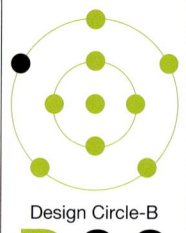

Design Circle-B
B06

2セクション グラ・オン・グラ（カーブシェープ&オーバー
2section gra on gra/curveshape & overlap gra

アンダーはグラデーションをオーバーラップさせていく。
カーブシェープは極端な長さの長短をつくるために使うテクニック。
現場ではあまり使われない2つのテクニックだが、
原理の理解をより深めるために、あえて紹介する

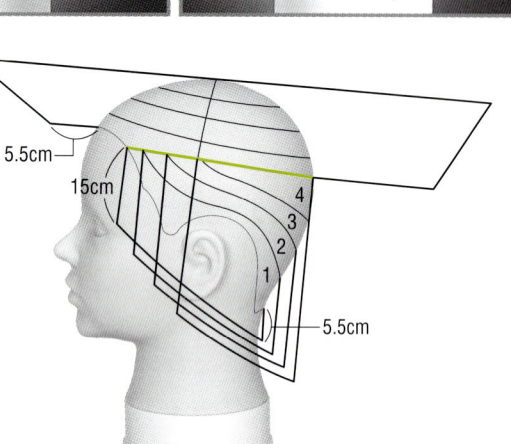

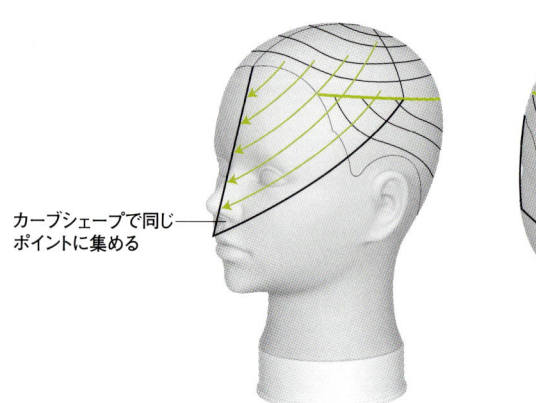

5.5cm
15cm
5.5cm

カーブシェープで同じ
ポイントに集める

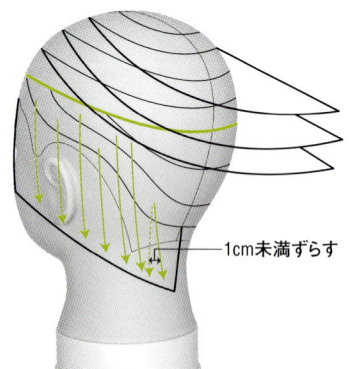

1cm未満ずらす

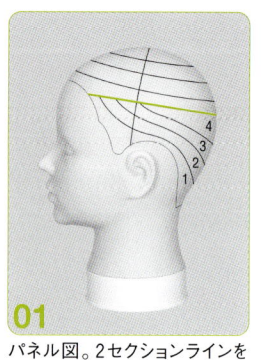

01
パネル図。2セクションラインを1センチ上げる。下はハエギワの形に合わせたやや後ろ下がりの横パネル、上はほぼ水平ラインの横パネル。

02
アンダーからカット。コームをあててフリーハンドでカット。髪が自然に落ちる位置でカットすること。フロントからサイド、

08
バックの毛束をカーブ状にシェープし、07のポイントに集めてカット。パネルが長距離引かれ、大きな長さの差が生まれたことがわかる。

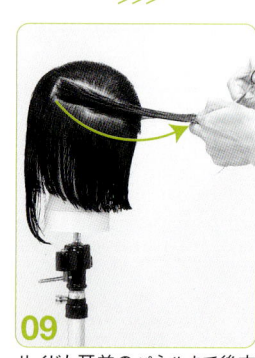

09
サイドも耳前のパネルまで後方に引き出して、07のポイントでカットする。

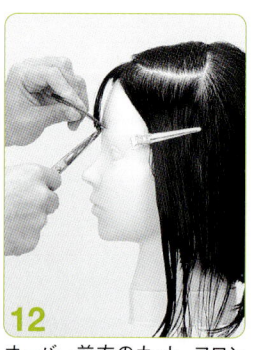

12
オーバー前方のカット。フロントにガイドを設定。ダウンシェープで、フロント正中線の長さを決める。

13
フロント〜サイドをカーブ状にシェープして、とどくところまでカットする。フロントは重さがほしいので、バックとは違いダウンシェープしながらカット。

Modern Cut Manual

ラップグラ）

Modern Cut Manual　Design Circle-B　2section gra on gra/ curveshape & overlap gra

2section

03 バックをつなげて、前上がりにカットしていく。

04 パネル2以降は、ロングポイント側（後方）からカットしていく。ロングポイント側に髪を少しずらしてシェープし、カット。

05 少しずつズラしながら、そのまま前方まで同様に切り進む。ずらしすぎないように注意すること。

06 パネル3以降も同様にカット。ロングポイント側に髪を引きカットすることにより、アウトラインよりも上が長くなり、オーバーラップする。

07 オーバーセクションをカット。バックの正中線上の長さを決める。

10 上に切り進む際には一つ下のパネルに引いてカット。

11 サイドも同様に、一つ下のパネルに引いてカットする。

14 上のパネルはすべて、同じポイントにオーバーダイレクトしてカット。

15 パリエタル（AB01～8）、アンダー後方（CD5～8）にインナーレイヤー、トップはすべてインナーグラを入れ、量感を削る。

ESSENTIAL 18
オーバーラップグラとは？

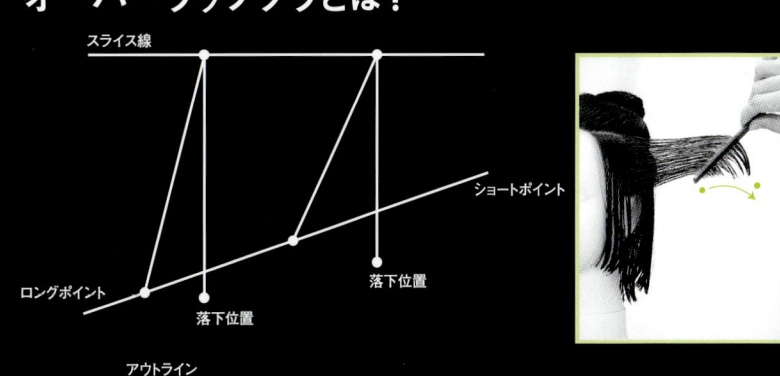

スライス線／ショートポイント／ロングポイント／落下位置／落下位置／アウトライン

ロングポイント側に髪をずらしてカットしていくことにより、髪が落下した時に、アウトラインをオーバーラップするように長さが積み重なる。これをオーバーラップグラという。

カーブシェープを使ったバリエーション

カーブシェープをフェースラインのデザインに応用してみた。ショートポイントを左目の上に設定し、カーブ状に引き出しカットしていく。ショートポイントに近いところはリフトアップし、ロングポイントに近づくにつれリフトダウンして、重さを残している。

093

Design Circle-B
07 | 2section layer on gra/horizontal&diagonal panel

relati

v i t y

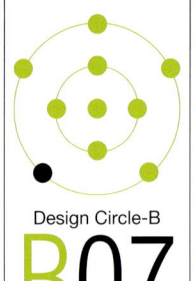

Design Circle-B
B07

2セクション レイヤー・オン・グラ（長距離のオーバー
2section layer on gra/horizontal&diagonal panel

アンダーセクションは前後にガイドを設定し、
長距離のオーバーダイレクションをかけることによって、極端な長短が生まれる。
オーバーセクションはトップの正中線にガイドを設定。
そこにすべて集めてカットすることで、先にレイヤーのプロファイルをつくり、
その後、二次的にアウトラインの長さを決める

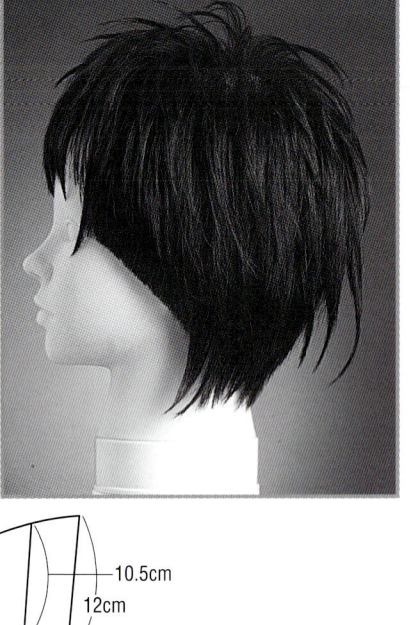

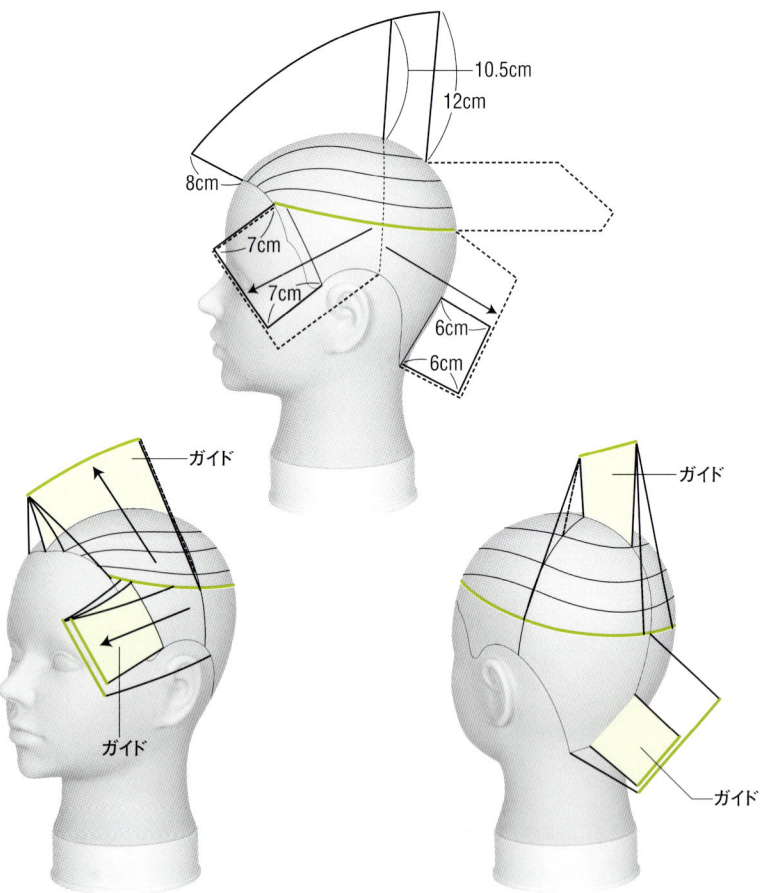

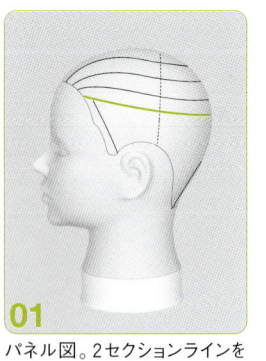

10.5cm
12cm
8cm
7cm
7cm
6cm
6cm

ガイド
ガイド
ガイド
ガイド

01 パネル図。2セクションラインを1センチ上げる。アンダーは前後とも45度の斜めパネル、オーバーは横パネルで取る。

02 アンダーからカット。正中線にガイドを設定。45度の斜めスライスで、スライス線に垂直に引き出し、上下同じ長さでカット。

>>> >>>

06 耳後ろのポイントは、デザインとして耳後ろに長さを残すため、ややパネルを落として、カーブ状にカット。後ろとつなげる。

07 オーバーをカット。イア・トゥ・イアより前方のトップの正中線上にガイドを設定する。

>>> >>>

11 オーバーセクションを水平よりもやや下げてリフトし、アウトラインの長さを決める。アウトラインに軽いグラが生まれる。

12 レイヤーのプロファイルが壊れてしまわないように、この際にカットするのは1センチ未満にすること。

>>> >>>

096　Modern Cut Manual

Modern Cut Manual   Design Circle-B   2section layer on gra/horizontal&diagonal panel

ダイレクション）

2section

03 耳のポイントまで、すべて02と同じポイントにオーバーダイレクトしてカットする。

04 フェースラインにガイドを設定。45度の斜めスライスで、スライス線に垂直に引き出し、上下同じ長さでカット。

05 耳後ろまで、すべて04と同じポイントにオーバーダイレクトしてカットする。

08 オーバーの髪をすべて07のポイントに集めてカット。

09 イア・トゥ・イアより後ろのトップ正中線上に、後方に向かって長めになるようにガイドを設定。

10 イア・トゥ・イアより後ろの髪を、すべて09のポイントに集めカット。

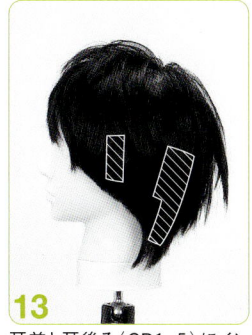

13 耳前と耳後ろ（CD1、5）にインナーレイヤーを入れ、量感を削る。

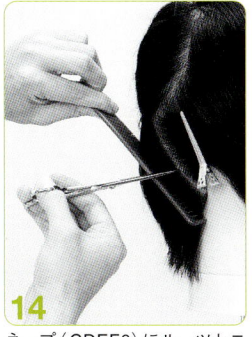

14 ネープ（CDEF6）にルーツセニングを入れる。

15 トップ（IJすべて）とパリエタルの後方（AB5〜8）にアンダーセニングを入れ、浮力を与える。オーバー全体（IJABすべて）にサイドセニングを入れる

ESSENTIAL 19
トップをファーストガイドとする

トップから切り始める手法は、トップの長さやレイヤーの重なり方に重きをおく場合に有利。ただし、アウトラインの長さや重さをコントロールしにくくなる。そのため、最後にアウトラインを横パネルで切り直して長さを決めるケースが多い。またアウトラインを横パネルで切り揃える場合、あまり大きな長さを切り返してしまうと、最初に切ったレイヤーのプロファイルが壊れてしまうので注意が必要。

トップのレイヤーの重なりとフォルムの関係
（コンケーブ・スクエア・コンベックス）

コンケーブ　スクエア

コンベックス

コンケーブにカットすると、トップに高さが出す、また量感が発生しないので、最近のサロンワークで多く使われている。スクエアはトップのフォルムが四角くなると共に、トップに長さと量感が残る。コンベックスはトップに高さが生まれると同時に、大きな量感が生まれる。トップは面積の少ない場所だが、スタイルの最上部に位置するため、全体のフォルムに大きな影響を与える。

Design Circle-B

08 | 2section same layer on layer
/horizontal panel

every day

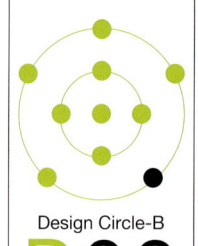

Design Circle-B B08

2セクション セイムレイヤー・オン・レイヤー（横パネル）
2section same layer on layer/horizontal panel

テイスト的には縦パネルで狙いやすいスタイルだが、縦と横のパネルの性質の違いを理解してもらうために、ここでは横パネルで展開した。縦パネルは縦の重なりが一次的に設定され、横の連続が二次的に発生する。横パネルは横の連続が一次的に設定され、縦の重なりが二次的に発生するという特徴があるが、スタイルの構造を理解すれば、どちらの方法でも攻略することができる

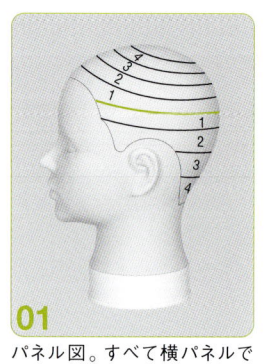

01 パネル図。すべて横パネルで展開していく。

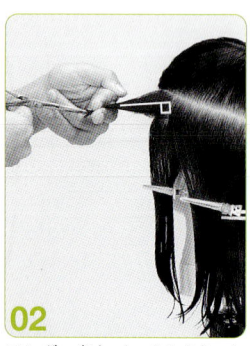

02 アンダーをカット。2セクションラインよりすぐ下、パネル1をオンベースに引き出しカット。デザインの狙いで前方は短く、後方は長めにする。

>>> >>>

06 同様にバックまでカットしていく。

07 パネル2をガイドに、パネル3をオンベースでカットする。

>>> >>>

11 そのままのリフトの角度で、バックまで切り進む。

12 パネル1の長さをガイドに、パネル2をオンベースに引き出してカット。

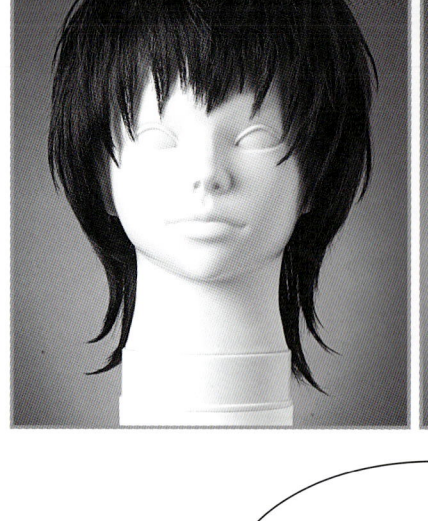

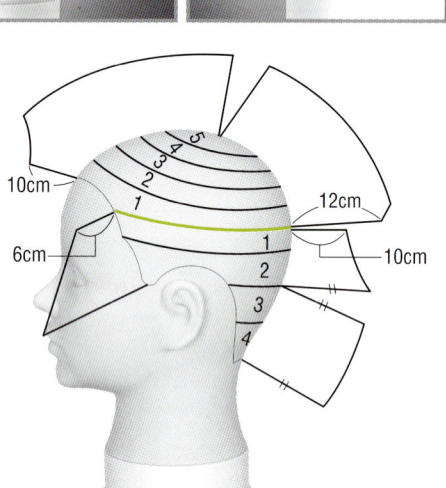

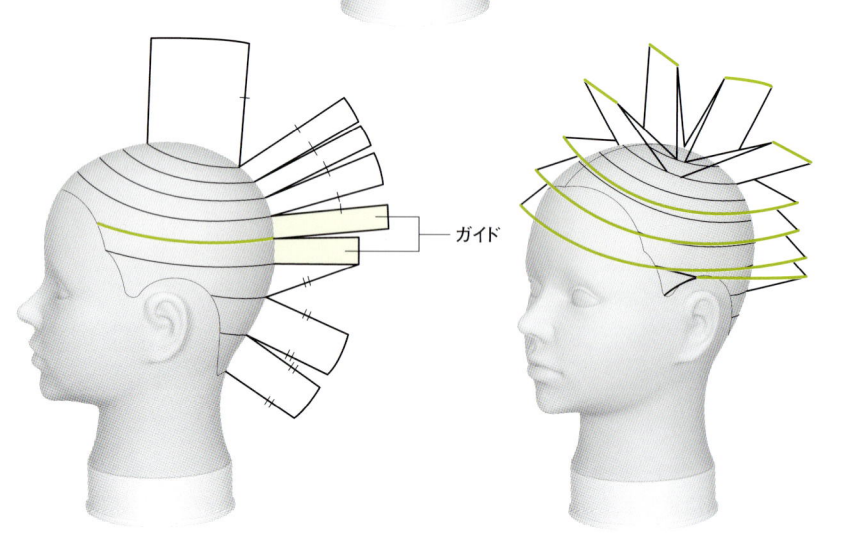

>>> >>>

100 Modern Cut Manual

Modern Cut Manual | Design Circle-B | 2section same layer on layer/horizontal panel

2section

03 そのまま後方が徐々に長くなるようにサイドへと切り進む。

04 バックまでオンベースにリフトしてカット。

05 パネル2をパネル1をカットしたポイントに集めてカット。

08 同様に、パネル3をガイドに、パネル4をオンベースに引き出しカットしていく。

09 アンダーのもみあげを指1本でチェックする。

10 オーバーをカット。パネル1にガイドを設定。前方から、水平よりややパネルを下げてカットし、少し重さを残す。後ろがやや長くなるようにカット。

13 同様にバックまでカットしていく。

14 パネル3以降も、同様に下のパネルをガイドに、オンベースに引き出してカットしていく。

15 パリエタル（ABすべて）と耳後ろ（CD5、6）にインナーレイヤーを入れる。オーバーとアウトラインにサイドセニングを入れて仕上げる。

ESSENTIAL 20

横パネルで放射状に展開する

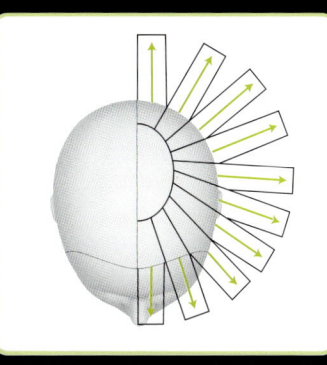

横パネルで放射状に展開していく場合、骨格の曲面に合わせ、パネルを細かく引き出していくこと。この際に、パネルの幅が大きくなる、もしくは骨格の曲面にパネルの引き出し方が対応しない場合、余分なオーバーダイレクションがかかって、重さが発生してしまうので、注意すること。

頭の凹凸に合わせてパネルの引き出し方を微調節する

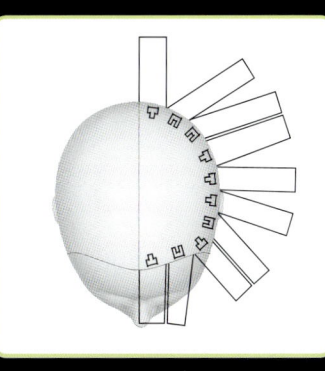

上記の基本の引き出し方を身に付けたら、次は横と縦のオーバーダイレクションを微妙にコントロールして、素材対応を行っていこう。一般的に骨格が張っているところはリフトアップし、くぼんでいるところはリフトダウンする。またハエギワの形が飛び出しているところはオンベース、くぼんでいるところは前後のオーバーダイレクションをかけることによって、素材にジャストフィットさせて切ることができる。ただし、このコントロールは微妙に行うこと。大きく行うとフォルムが壊れてしまう恐れがある。

Design Circle-B
09 | 2section high gra on gra/45°diagonal panel

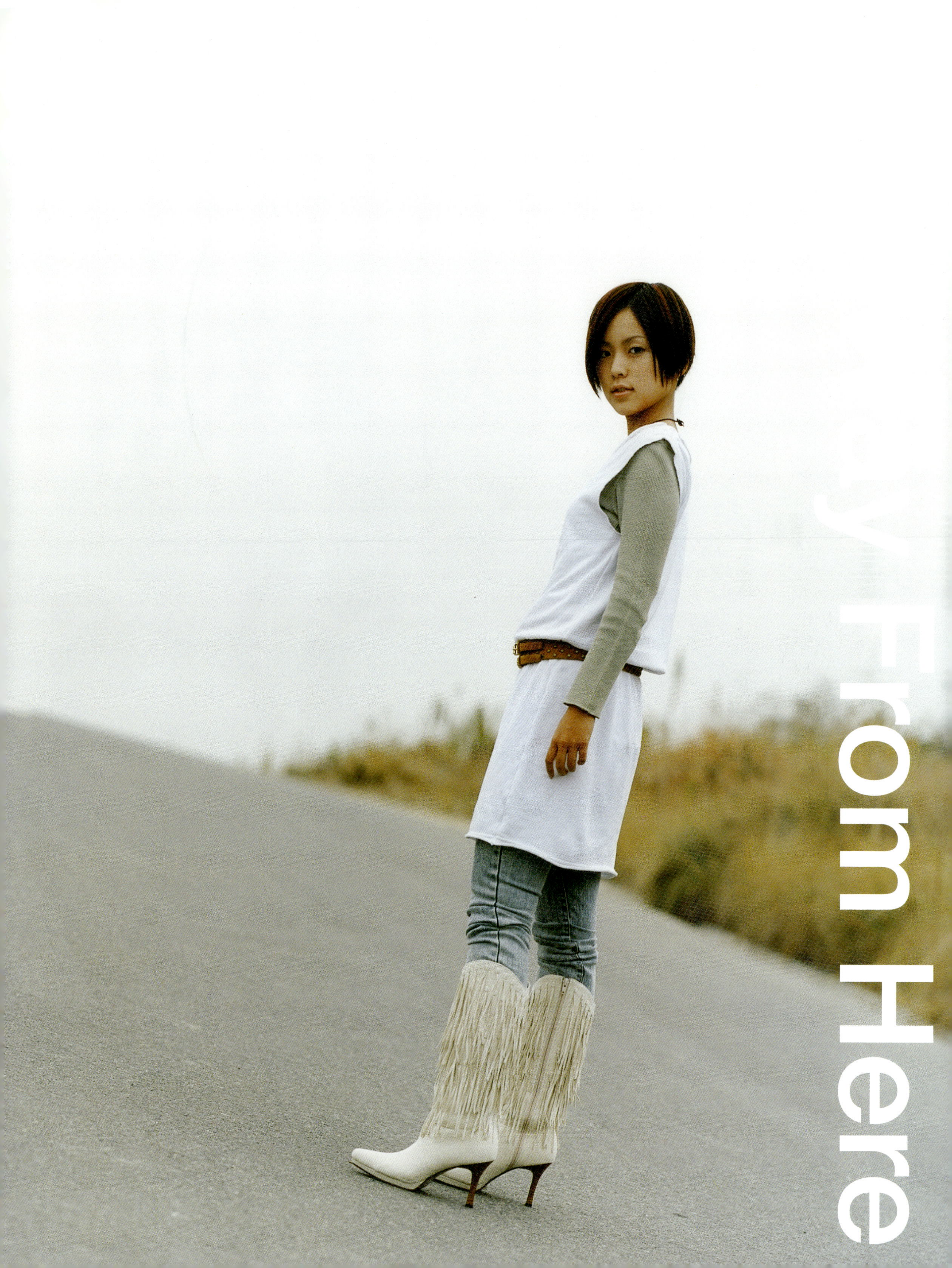
y From Here

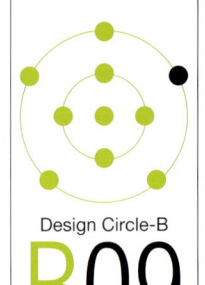

Design Circle-B
B09

2セクション ハイグラ・オン・グラ（45度斜めパネル）
2section high gra on gra/45°diagonal panel

45度の斜めパネルの性質を活かした、柔らかいボブスタイル。
縦パネルは縦の重なり（＝プロファイル）がシャープになり、横のつながりが曖昧に柔らかくなる。
横パネルは横のつながりがシャープになり、縦の重なりが曖昧に柔らかくなる。
その中間である45度にスライスを引いてカットをすることで、
縦よりプロファイルが柔らかく、横よりアウトラインが柔らかくなる

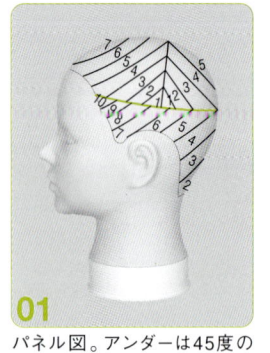

17cm
17cm
6cm
6cm

前方はオンベースにして軽くする
バックはスライス線が交差する
前後交互にカット

01 パネル図。アンダーは45度の斜めスライス。オーバーのガイドはイア・トゥ・イアに設定。45度の斜めスライスで取る。

02 アンダーからカット。45度にスライス線を引き、上下同じ長さにカット。

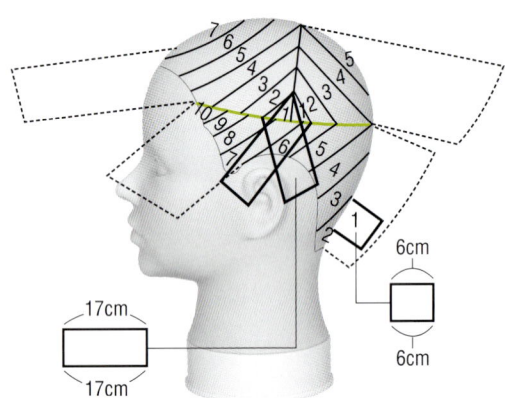

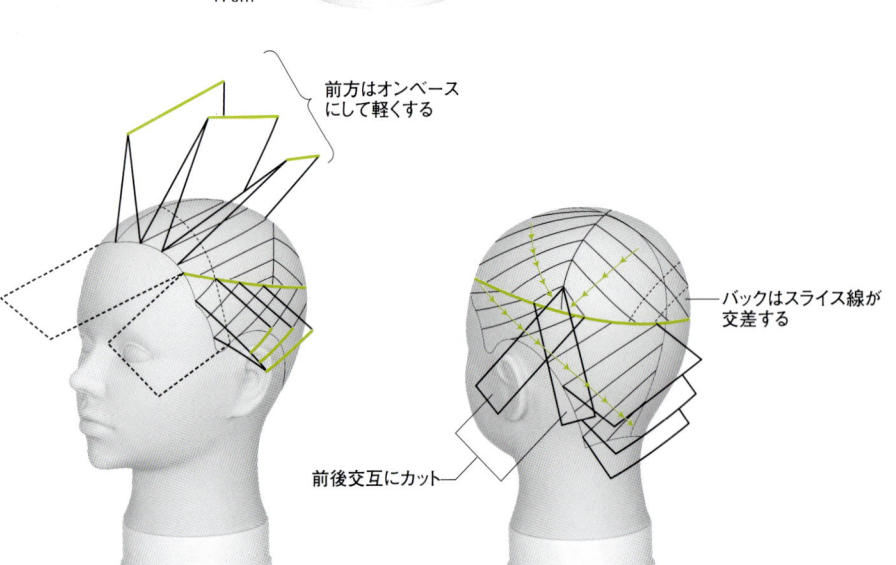

>>> >>>

05 オーバーをカット。イア・トゥ・イアの線上で分け、前後45度のスライスで取る。前方のパネル1を上下同じ長さでカット。下とつなげない。

06 後方のパネル1を前方のパネル1とつないで、上下同じ長さでカット。

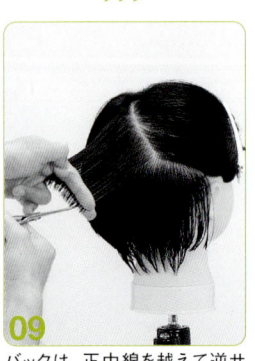

>>> >>>

09 バックは、正中線を越えて逆サイドまで切り進んでいく。

10 前方のパネル5～7は、後ろに引かずにオンベースでカット。前方を軽くする。

>>> >>>

104 Modern Cut Manual

Modern Cut Manual | Design Circle-B | 2section high gra on gra/ 45°diagonal panel

2section

03 アンダーはすべて一つ後ろのパネルに引いてカットする。

04 すべて45度のスライス線で、一つ後ろに引きながら進行する。

07 後方のパネル2をカットした後、前方のパネル2を、1つ後のパネルに引いてカットする。このように前後交互にカットしていく。

08 パネル4まで、同様に一つ前のパネルに引いてカットしていく。

11 逆サイドも同様にカット。バックはスライスラインが交差する。その後、必要に応じて、トップのコーナーを落とす。

12 前方と後方にインナーレイヤーを入れ、ネープにルーツセニングを入れ量感を削る。オーバーにサイドセニングを入れ仕上げる。

ESSENTIAL 21
ガイドの位置とフォルムの変化

09のオーバーはイア・トゥ・イア上にガイドを設定したため、イア・トゥ・イア上が最も短くて、軽く、前後に向かって徐々に長さと重さが発生している。その結果、横長の柔らかい印象に。VerIはバックの正中線上にガイドが設定されているため、正中線上が最も短くて、軽く、前方に向かって、徐々に長さと重さが発生している。よって縦長のシャープな印象に。ガイドの位置の変化によって、フォルム、量感のバランス、毛流れの方向は同時にコントロールされる。ヘアカットにおいて、ガイドをどの位置に設定するかは最も重要なテーマの一つと言える。

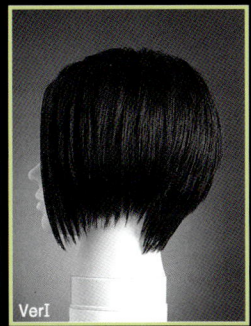

105

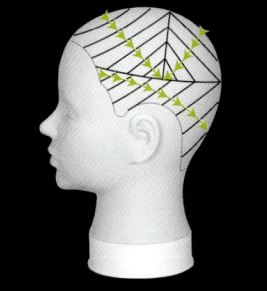

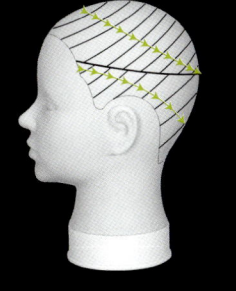

Cut Basic Manual_File no.04

デザインサークルとカットの原理

これまで本書中では、様々な形で「カットの原理」をお伝えしてきたが、
ここでは最も根源となる考え方をまとめてみた

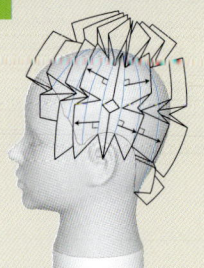

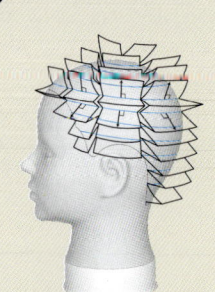

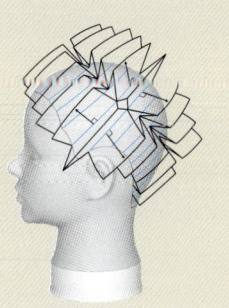

A 素材の形を知る

長短の差がないセイムレイヤーは、人為的に方向性を操作していない唯一ニュートラルな存在。本書ではセイムレイヤーを通して、骨格やハエギワの形を最初に学ぶ。それは、素材の形に基づくパネルコントロールが、美しいフォルムづくりには不可欠だからである。

素材の形をベースに、前後・上下の長短の方向性を意図的に設定し（⇒B ガイドの位置とスライス線の設定）、その方向性に長短の長さの差を計画的に与える（⇒C すべてのパネルに適切な長さを設定する）ことによって、すべてのフォルムは生み出される。

図1／縦パネルセイムレイヤー　図2／横パネルセイムレイヤー　図3／斜めパネルセイムレイヤー

B ガイドの位置とスライス線の設定

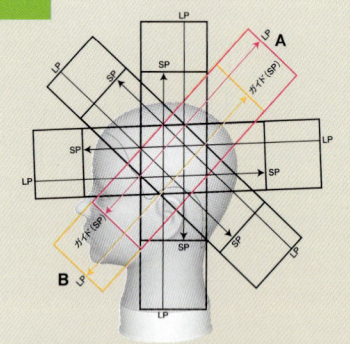

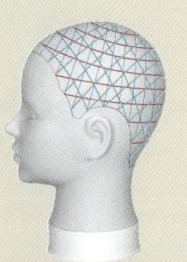

図1／ガイドの位置と髪の長短　図2／スライス図複合

パネルコントロールにおいて最初に決定することは、「どこにガイドを設定するか」＝「どちらの方向にパネルを引くか?」。特例を除き、常にガイド側が短くなり、パネル展開の終末点が最も長くなる。それを示したのが図1になる。詳しく見てみると、A側にガイドを設定した場合、A側が短く、パネル展開の終末点になるB側が長くなる。反対にB側にガイドを設定した場合、B側が短く、A側が長くなる。ガイドの位置設定は、スタイルの中でどこを最も短くし、どこを最も長くするかというスタイルの方向性を決める。ガイド設定で生まれる最も短いポイントから意図した、最長のポイントまでの短⇒長の変化の軌道を、美しく結ぶための道しるべがスライス線である。

C すべてのパネルに適切な長さを設定する

「オーバーダイレクションの原理」図

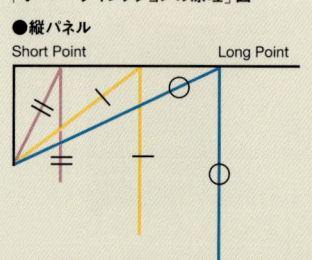

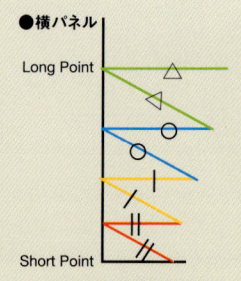

●縦パネル　Short Point　Long Point
●横パネル　Long Point　Short Point

ガイドの位置とスライス線の設定によって、大きな方向性が決まったら、すべてのスライス線上のパネルに具体的な長さを与えていく。その時に必要となる原理がオーバーダイレクションだ。次に切るパネルをオンベース（骨格に対して90度）より、わずかでも、いずれかの方向に引けば、より長さが生まれる。引く距離が大きければ大きいほど、そのパネルに長さが生まれる。すべてのスライス線上に、計画的に狙った長さを与えていくためには、どのくらいパネルを引けば、どのくらいの長さの差が生まれるかを、訓練を通して、頭と身体で理解することが必要になる。なぜなら、頭は場所によって曲率の違う曲線で構成されているため、紙の上に鉛筆で書くように、シンプルではないからだ。

ESSENTIAL OF FORM CONTROL

本書の中で行ったすべてのフォルムコントロールは上記A〜C、3つの原理に落とし込むことができる。
以上を踏まえた上で、美しいフォルムをつくっていくために必要なことは、以下の4つである。

① **RIGHT INSIGHT** （素材の正しい認識）
② **RIGHT DIRECTION** （正しいガイドの設定と正しいスライス線の設定）
③ **RIGHT PROCESS** （正しいパネルの引き方による適切な長さ設定）
④ **RIGHT TURNING** （正しいポイントでのスライス線の角度の変換、正しいポイントでのパネルの引く距離の変化）

この4つを正しいトレーニングを通して、消化・吸収してほしい。そして、お客様に対したときに、これらの原理が条件反射となって表現できるのが理想だと思う。

Message
in Modern Cut Manual

正直であることが、大切な時代だと思います。それはお客様に対しても、スタッフに対しても、そして個人のつくるヘアスタイルに関しても、問われています。

先を生きる人間が、後に続く人たちが道に迷うことのないように、自分たちの経験から残せるもの。マニュアルは後輩たちへの誠意の表れとして示されるものだと思います。

今回の21個のスタイルを完璧に切れるようになったとしても、それが終わりではありません。今度はみなさんが、店の立地や客層、そして時代に合わせて、自サロンのマニュアルを創造してください。そのモデルとして本書が役立てば、本当に幸いです。

「原理」や「習練」は、一見するとデザインの表面には表れませんが、そのクオリティを陰で支える存在です。表面には見えないけれども、最終形に「命」を与えるもの。それが「原理」と「習練」だと思います。

そして、それらの訓練は、機械的に繰り返すのではなく、1回1回、創造的に行わなくてはなりません。食べ物は食べただけだとそのままですが、「消化・吸収」することで、活動のエネルギーになる。同様にすべての訓練も、自身の目と頭と身体を使い、「消化・吸収」した時にはじめて価値あるものになります。

また訓練は普遍的に大事なものですが、それだけに囚われていてもダメです。ある段階まできたと思ったら、いかにしてその人や時代に対応させていくかを考えてください。「素直に習うこと」、「熱心に訓練すること」、そして「創造的に応用すること」はどれも不可欠です。すべてをバランスよく行うこと。何事にも囚われすぎてもいけないし、何事もおろそかにしてはいけません。

なぜなら、技術において没頭することは大切ですが、その反面、一つの手法に囚われすぎることは、思わぬ不幸を自分にも、周囲にももたらす危険性があるからです。時代に合わなくなったことに気づかなかったり、他から吸収することができなくなってしまう。これでは真の意味で、お客様に幸せを提供できません。また美容師の大半は、最後は教育する立場になりますが、教育者が偏重しすぎていたり、不正直だと下の子の人生まで左右しかねません。

自分の苦手なものを否定するのではなく、謙虚な気持ちで受け入れることで、技術はさらに磨かれていきます。磨くことを忘れるとすぐに技術の成長が止まり、低いレベルで固まってしまいます。磨いていく熱意を持続することと、謙虚な気持ちを忘れないことが大事です。人間性と技術は一つとなって育まれていくものだと思います。

日々の訓練やそれを通した真理の追究は、地味で地道な作業に思えるかもしれません。しかし、僕はクリエイションというものは、サロンワークの中で表現されるべきものだと思っています。特別な行為を思い浮かべがちですが、そうではなく、シャンプーするときや鏡をふくとき、髪をとかすときなど、日常の中にクリエイティブな時間は流れている──。問題はそのような視点で、毎分毎秒を過ごしているかどうか。そういった環境は、自分の意志でつくっていくものです。創造性とは、特別で与えられるものではなく、日常の中で自分で生み出すものではないかと思います。

●

21世紀は、それぞれを活かし合う「共生」のセンスが大切になると思います。環境の違う人の考えを否定し合うのではなく、各自の役割をしっかりと務めながら、全体がよりよい方向に進むように、努力していくべきです。サロンで言えば、教わる側は教えてもらうことを当たり前と思ってはいけないし、教える側もその行いを通して、自分が磨かれるのだということを忘れてはなりません。

真のオリジナリティとは、他人と違うことをやればよいということではなく、より大きな発展を見据えた上で、自分のやるべきことを見極め、やり抜いていくことだと思います。

下の図のブロックは、オーバーダイレクションによる長さの構成と、削ぎやディスコネクションによる空間を示したものです。

完全に密着している髪は、ホールド力が強いが、重く、動きがありません。少し離れてくることによって、軽さや動き、形の特徴が生まれてきます。完全にバラバラになるとホールド力が働かず、形もなくなり、それぞれの髪が意味なく、動き回るだけになります。

つまり接合が強すぎても、バラバラでもダメなのです。その間境をいかに感じとっていくかが、応用のポイントになる。これはサロンにも、一人の人間の心の中にも同じことが言えると思います。

●

誰の心の中にも、まっすぐな部分と、自分さえよければいいという独善的な気持ちの両方があると思います。時に負が力を持つこともありますが、それは決して人を幸せにすることはありません。

すべての技術やデザインの発展は、最終的には何らかの形で他者の幸せに結びついていかなくてはならないと思います。技術やデザインが命を宿すのは、そういうときなのではないでしょうか。

美容は、人を幸せにしていくことで、自分も幸せになっていくということが、わかりやすく感じ取れる仕事だと思います。他の人たちの幸せのために、自分が何かをするというピュアな気持ちを大事にしてください。そうすれば、美容はきっとあなたにすばらしい人生を与えてくれるはずです。

2002年12月26日の真昼に──

井上和英

ホールドの力
強

ホールドの力
弱
軽さ・動きが出る

ホールドの力
なし
非常に軽さ・動きが出る

STAFF

model cut&technique
KAZUHIDE INOUE

model color
AKIRA HINO

model styling
KAORI NISHIURA
OSAOMI KAWABATA
CHINATSU SENOO
TOMOKO YAMASAKI

circleA wig
TOMOKAZU HAMADA
SACHIKO KURODA
KAZUYOSHI KUROTSUKA

circleB wig
KENJI ADACHI
KENICHI MORITA
KOTARO AKIYOSHI

main assistant
AZUSA MATSUMOTO
NANA TAKEHARA
NAOKO KANETADA
SHUJI NEMOTO
MICHIYO NAKAMURA

support
SAYAKA SHIROUZU
ATSUNORI TOCHIO

and
Fiber Zoom ALL STAFFS

art direction
COMBOIN

make up
YASUKO NAKANO
CHIEKO IKEDA

costume:styling
KIWAKO MURAKAMI
YUNA HIGASHI

photograph
KAZUO ARIHARA(model)
TAITO TOMITA(wig&technique)

project&edition
MONTHLY SHINBIYO EDITORIAL STAFFS

撮影協力
©淡路夢舞台
©淡路夢舞台温室
©淡路島明石海峡公園

デザインサークルとカットの原理
Modern Cut Manual

定価(本体4,000円+税)検印省略
2003年2月21日　第1刷発行
2014年4月 2日　第8刷発行
著者　井上和英
発行者　長尾明美
発行所　新美容出版株式会社 〒106-0031 東京都港区西麻布1-11-12
編集部　TEL 03-5770-7021
販売部　TEL 03-5770-1201　FAX 03-5770-1228
http://www.shinbiyo.com
振替　00170-1-50321
印刷・製本　三浦印刷株式会社

©KAZUHIDE INOUE & SHINBIYO SHUPPAN Co,Ltd.Printed in Japan 2003